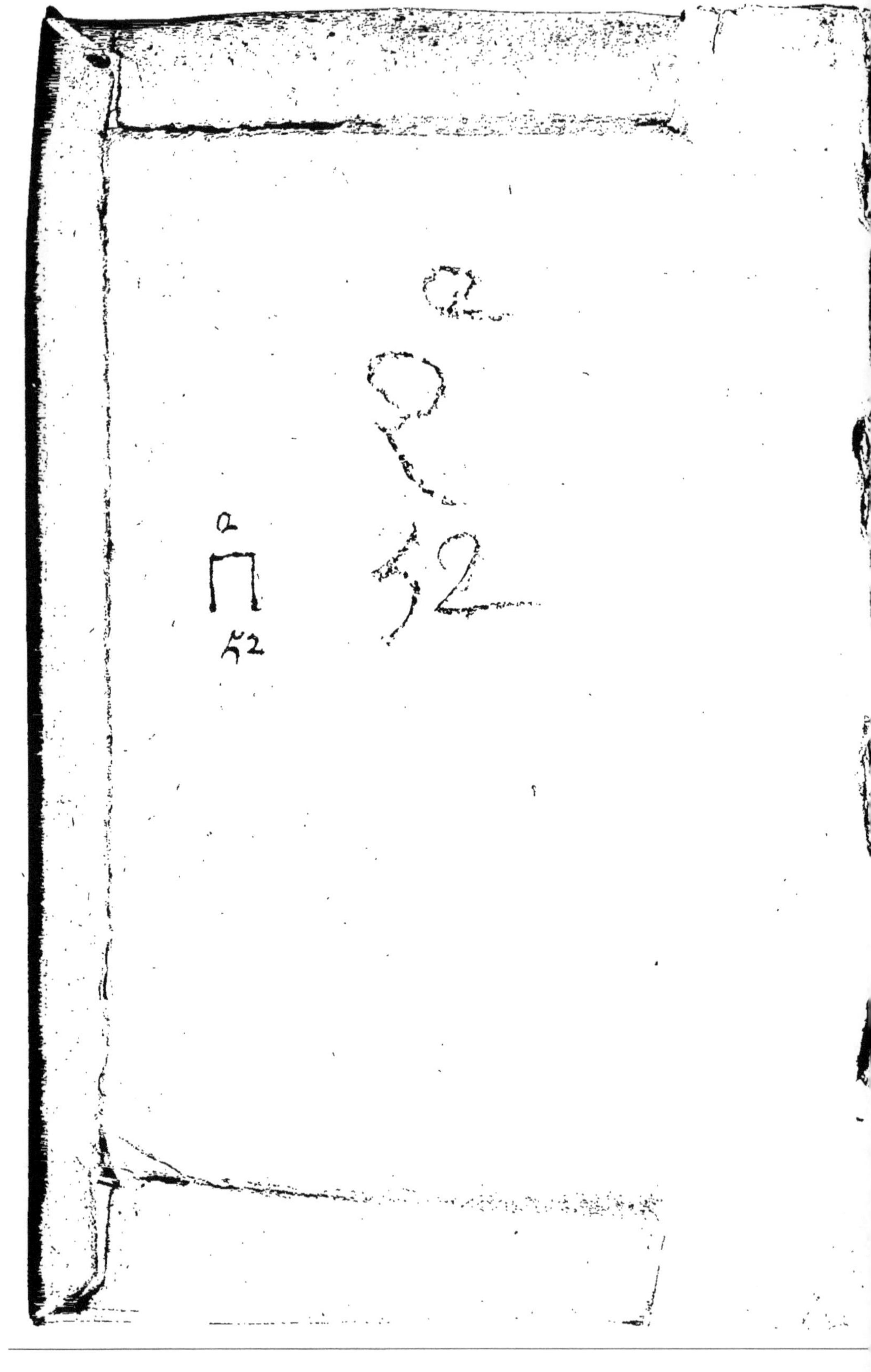

LETTRES TOVCHANT LES NOVVELLES REMARQVES SVR LA LANGVE FRANCOISE.

A PARIS,
Chez NICOLAS ET IEAN DE LA COSTE,
au Palais, proche le logis de Monsieur
le premier President.

M. DC. XLVII.

AVEC PERMISSION.

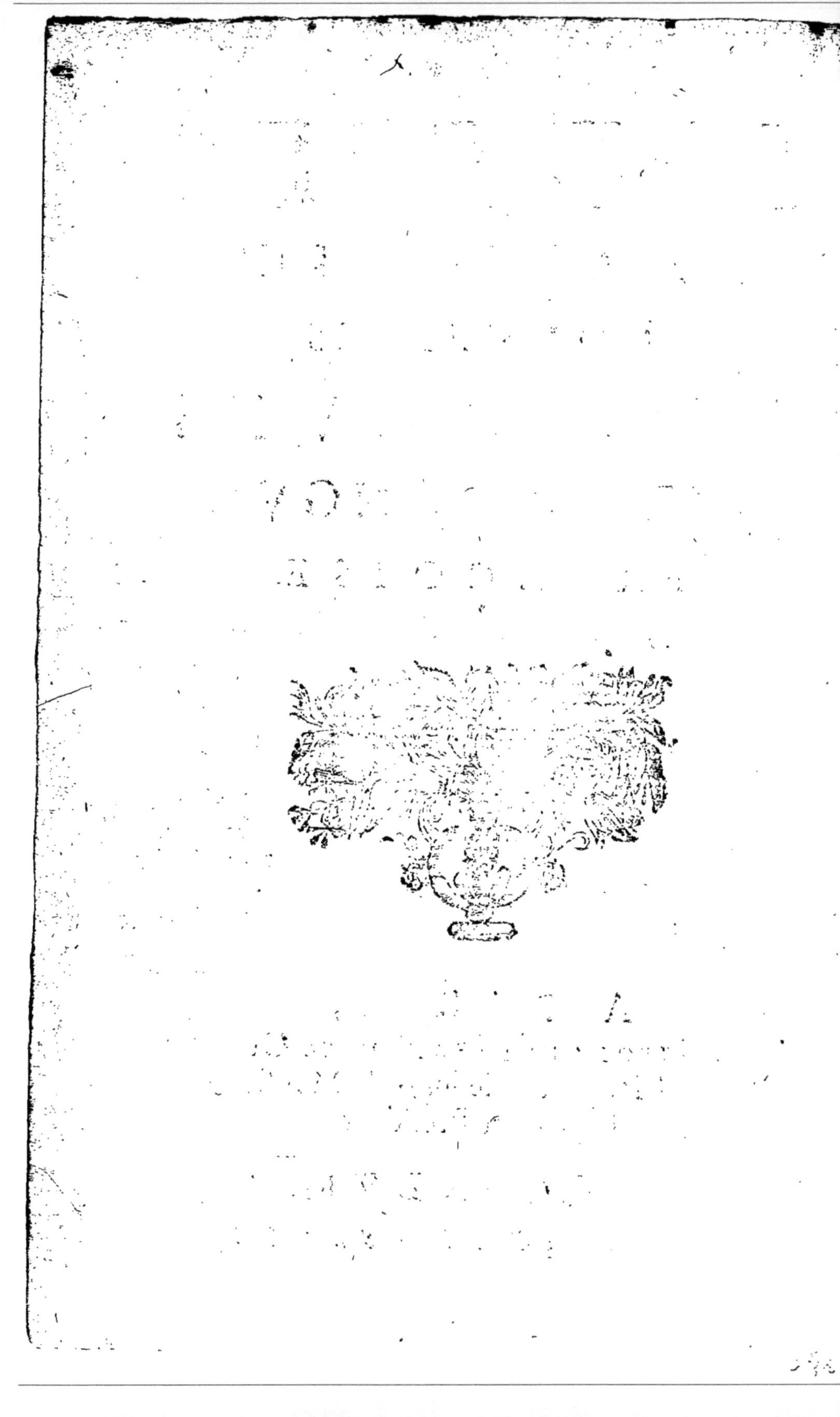

LETTRE PREMIERE.

A MONSIEUR Naudé, Prieur de L'Artige, & Bibliothecaire de Monseigneur l'Eminentissime Cardinal Mazarin.

MONSIEUR,

I'ay veû le Liure des Remarques sur nostre Langue, dont vous voulez que ie vous parle, le merite de son Autheur ne m'ayant pas permis d'en negliger la lecture. Encore qu'on vous ait dit qu'il y a bien des non-valeurs; & quoy qu'il ressemble en effet à l'Egypte d'Homere, dont toutes les plantes ne sont pas de mesme bonté, tenez pour asseuré neantmoins qu'il contient de tres-belles obseruations, & qu'on en peut retirer beaucoup de profit. Mais dispensez moy, ie vous supplie, de vous entretenir sur vn sujet pour lequel ie commence à ressentir ie ne sçay quelle auersion. Mon ame se fait accroire qu'il est temps de s'occuper plus serieusement, & qu'il y a de la honte à s'amuser encore à des questions de Grammaire. Et certes Platon, tout eloquent qu'il est, ne laisse pas de declamer en plus d'vn lieu contre le trop grand ſoin des mots, & l'exceſſiue affectation du langage. *Si verborum*, dit-il dans ſon Politique, *curioſitatem vitaueris, euades in ſenectute admodum ſapientior.* Et dans ſon Theætetus, qui eſt le Dialogue de la Science, il declare qu'vne certaine negligence au chois des paroles a ſouuent bonne grace, tant s'en faut qu'elle ſoit indigne d'vn honneſte homme : *Nominum & verborum facilitas, & non nimis accurata examinatio, vt plurimum non eſt ſordida & illiberalis, ſed eius potius contrarium, eſt autem nonnunquam etiam neceſſaria.* Ie ne m'amuſe pas à vous tranſcrire le Grec que vous pouuez voir. I'aime mieux vous adiouſter, que Clement Alexandrin qui rapporte ces deux paſſages de Platon au premier liure de ſes Tapiſſeries, les trouue fort conformes au texte de l'Eſcriture ſainɛte, *Ne multum verſeris in verbis*, iugeant que de contreuenir à ce precepte, c'eſt commettre la faute de ceux qui ont plus de curioſité pour leurs habits, que pour leur propre perſonne, & qui ne ſe ſoucient pas tant d'auoir le corps net & à ſon aiſe, que d'eſtre veſtus ſuperbement & à la mode. En fin quand ie me repreſente cette ſeuere ſentence que Seneque a prononcée dans vne de ſes Epiſtres, *Turpis & ridicula res eſt elementarius ſenex*, mon eſprit ſe reuolte tellement contre toutes les loix de Donat & de Priſcien, qu'en verité ce me ſeroit vne trop grande contrainte d'y faire la moindre reflexion. I'auouë neantmoins que c'est prendre les choses vn peu trop à la rigueur: Aussi serois-ie tres-fasché de trouuer à redire là dessus aux diuertissemens des autres, quoy que le mien ne s'y rencontre pas. Et i'honore d'ailleurs à tel point celuy qui a pris la peine de nous donner ces belles Remarques, qu'il n'y a rien que ie ne pense à son auantage au mesme temps que ie veux estre si austere en mon propre fait. Trouuez bon que ie le vous tesmoigne, en vous representant en sa faueur, que ce grand Chancelier du Roy Theodoric ne desdaigna pas à l'âge de quatre-vingt treze ans, comme il se confesse dans son Auant-propos, d'escrire le liure que nous auons de luy touchant l'Orthographe, sans

Cassiodore.

parler de ceux qu'il a faits de la Grammaire & de la Rhetorique. L'exemple de Socrate nous apprend aussi, qu'il n'y a point de temps si auancé dans la vie, auquel il ne soit bien seant de s'instruire des choses mesme qui semblent les plus legeres. Et si ce fameux Domteur de tant de Monstres ne creut pas se faire tort de purger vne estable de toutes ses ordures, peut-on blasmer celuy qui s'applique à mettre nostre Langue dans la plus grande pureté dont elle est capable ? & qui tasche d'en oster tous les deffauts que le barbarisme ou le solœcisme y ont introduits.

Ne vous imaginez donc pas, que la part que ie puis prendre dans toutes ses censures me touche trop ſenſiblement, ny que ce qu'il a couché en characteres differens dans ſa Preface me donne le moindre reſſentiment qui luy puiſſe eſtre preiudiciable. Tant s'en faut, i'ay eſté tres-aiſe qu'il ſe ſoit deſchargé de ce qu'il auoit ſur le cœur, & qui le deuoit ſans doute incommoder depuis vn ſi long temps. Car vous ſçauez bien qu'il y a dix ans que le liure dont il rapporte les textes fut imprimé; & ie m'eſtonne ſeulement que le mal qu'il pouuoit faire, & qui demandoit, dit-il, vn fort prompt remede, luy aït permis de nous laiſſer durant tout ce terme dans le peril. Mais comme ſon zele pour le public eſt touſiours loüable nonobſtant ce retardement, il ne trouuera pas mauuais que par vn meſme motif ie vous donne auis, qu'il ne faut pas prendre ses sentimens particuliers pour ceux d'vne Compagnie, qui ne peut estre iamais trop estimée. Ie vous le dis sans flaterie, & vous proteste que depuis son establissement i'ay veû fort peu de personnes qui en parlassent auec mespris, puisque rien ne l'esuite auiourd'huy, qui ne fussent infiniment au dessous du merite de ceux qui la composent, pour ce qui touche le bel vsage de nostre Langue. Si les regles de cét Autheur venoient donc de si bonne part, ie vous exhorterois à les respecter comme des Oracles, & pour moy ie ferois gloire d'y deferer en me retractant, encore que ie ne creusse pas faire en cela vne action heroïque comme il la nomme. I'ay bien appris de la Morale qu'il y auoit quelque chose d'heroïque à surmonter les grandes passions, comme sont celles de la cholere; mais pour ce qui touche vne simple deference en des choses legeres, telles que sont celles-cy, il me semble que cela s'appelle docilité, qui est vne vertu dont les moindres enfans sont capables, & que ie crois n'auoir esté mise que cette seule fois au rang des Heroïques. Quoy qu'il en soit, ie ne veux pas dire qu'vne infinité de belles choses qui se voyent dans ces Remarques, ne viennent de ce lieu de respect dont nous parlons; mais ie vous asseure qu'il n'en est pas de mesme du reste où vous trouuez tant à redire, & que ce seroit vne grande iniustice d'attribuer à tout vn Corps des opinions ſingulieres, qui ne doiuent eſtre conſiderées que comme le ſont celles des particuliers.

Apres ce petit auis ie vous en donneray deux ou trois autres (pour aucunement vous contenter) qui regardent principalement cette Preface, quoy qu'ils ne laiſſent pas d'eſtre importans pour la lecture de tout l'Ouurage. En premier lieu elle accuſe ces Meſſieurs dont elle ſe plaint, les nommant toujours de la ſorte, d'auoir fort declamé contre la pureté du langage, & contre ſes partiſans, à quoy ie me doute qu'ils n'ont iamais penſé; pour le moins ne voit-on rien qui aille là, ny dans le liure dont il cite les textes en groſſe lettre, ny dans tous ceux dont i'ay peû prendre quelque connoiſſance. Comme ils ne parlent que du merite de l'Eloquence, ils n'auoient garde d'eſtre pour l'impureté des mots, ny pour celle des phraſes, puiſque tout le monde ſçait qu'il n'y a rien qui luy ſoit ſi contraire. Mais comment peut-on eſcrire, *que dans tous ces beaux raiſonnemens qu'ils font de la Langue, ils ne parlent iamais de l'Vſage? ſemblables à ceux qui traitteroient de l'Architecture ſans parler du niueau ny de l'eſquierre, ou de la Geometrie prattique ſans dire vn ſeul mot de la regle ny du compas.* Vraiment c'eſt vne choſe eſtrange, qu'à l'ouuerture du meſme liure dont ie viens de parler, & qui ſemble eſtre l'objet principal de cette Preface, l'on ne manque iamais à rencontrer dequoy prouuer la fauſſeté de cette imputation ; & qu'on la puisse mesme conuaincre de mauuaise foy, veû qu'vn des articles dont on se plaint commence par ces propres termes : *Il y a aussi la consideration du mauuais son , & du peu de satisfaction que reçoit l'oreille , quand elle est touchée de quelque mot que l'Vsage n'a pas encore poly ny approuué.* Ie vous prie que ie vous rapporte encore ce que ie trouue au feüillet precedent. *Il faut que ceux qui pretendent à l'Eloquence facent leur premiere estude de la valeur des mots , & de la pureté des dictions , pour sçauoir celles dont ils se peuuent seruir , & celles qui doiuent estre reiettées comme n'estant plus en vsage. Car c'est vne des premieres regles que donnent les Maistres de cette profession , d'esviter comme vn escueil toutes les paroles inusitées , & de les considerer pour estre de la nature des pieces de monnoye, dont il ne se faut iamais charger si elles n'ont cours, & que le peuple ne les reçoiue.* Auec quel front ose-t'on dire apres cela, & assez d'autres endroits du mesme liure, que ces Messieurs qu'on prend si fort à party ne parlent iamais de l'Vsage? Ils en publient l'importance dans tous leurs Ouurages. Ils tombent d'accord de toutes les definitions qu'en donne l'Autheur des Remarques. Ils condamnent le mauuais aussi rigoureusement qu'il se peut. Et ils conuiennent encore auec luy sur ce point, que quand le bon est reconnu l'on ne sçauroit mieux faire que de le suiure. Mais ils soustiennent qu'il s'equiuoque apres cela: Qu'il prend le douteux & l'inconnu ; ce ſont ſes termes, pour le bon, le declaré, ou le veritable: Et qu'il n'y a rien de ſi contraire à ce dernier, que le iugement qu'il fait de beaucoup de paroles, & d'vn grand nombre de façons de parler condamnées par ſon liure, fuſt-il, comme il le declare dans cette Preface, beaucoup plus ſçauant que luy.

Vous rirez ie m'aſſeure, de luy voir refuter tous les Autheurs dont on s'eſt ſeruy, & qui choquent ſes ſentimens, par ces termes generaux, *qu'ils ne diſent rien moins que ce qu'on leur fait dire.* Des reſponſes ſi indefinies ne s'employent iamais qu'au deffaut de raiſons qui ſatisfacent dans le particulier. Et quand il choiſit entre tant de paſſages qu'il auoit à combattre, celuy de Pomponius

Marcellus,

Marcellus, il monstre assez ce qu'il pouuoit faire au reste. *Ces Messieurs*, dit-il, *en font leur espée & leur bouclier.* I'ay pris la peine de reuoir l'endroit où l'on a parlé de ce Marcellus, ce qui s'est fait tellement en passant au sujet de Tibere, que ç'a esté sans y ioindre la moindre reflexion, tant s'en faut qu'on ait pris cela pour principal fondement. Il s'escrie qu'on a grand tort d'auoir escrit que ce Grammairien s'estoit rendu extrémement importun, & mesme ridicule, à force d'estre exact obseruateur de la pureté de sa Langue; adioustant que Suetone ne l'a pas dit ainsi, & qu'il faut que par surprise, ou par negligence l'on se soit mespris de la sorte. Desia pour ce qui est du ridicule, c'est luy mesme qui a le tort de s'en plaindre, puis qu'il a pris la peine d'estendre au long le procedé pedantesque de Marcellus (car il le nomme de la façon) auoüant que Cassius Seuerus eut raison de s'en moquer. Et quant à l'importunité qui accompagnoit la trop exacte obseruation des regles & de la pureté de sa Langue, voicy le propre texte de Suetone lors qu'il commence à parler de luy: *Marcus Pomponius Marcellus sermonis Latini exactor molestissimus.* Il n'en faut pas dauantage pour vous faire reconnoistre la valeur de cette instance, qui nie vne chose si claire, & qui va toute aprouuer que Marcellus n'estoit pas vn ridicule obseruateur des loix Grammaticales, parce que c'estoit vn vray Pedant. Pour moy ie vous confesse

de ill. gr. c. 22.

que ie n'entens rien à de telles negatiues, ny à cette ſorte de raiſonnement.

Ce n'eſt pas que ie ne veüille reſpecter au double, comme i'y ſuis obligé, vne perſonne qui a eu aſſez de courtoiſie pour dire qu'elle faiſoit profeſſion de nous honorer. Mais encore n'eſt-il pas iuſte d'abandonner ſans repartie des ſentimens qu'on croit raiſonnables, à cauſe qu'ils n'agreent pas à tout le monde, & qu'ils heurtent des maximes priſes de ſi longue main qu'on ne les peut abandonner. C'eſt le fondement ordinaire de toutes les animoſitez qui paroiſſent dans nos diſputes. Il nous faſche de quitter quand nous deuenos vieux, la mauuaiſe doctrine de nos ieunes années. *Quod quiſque per-*

peram in iuuentute didicit, in senectute confiteri non vult. Et nous sommes si sensibles de ce costé là, que nous contestons iusques à l'extremité pour vne syllabe, si nous sommes accoustumez depuis vn long temps à la prononcer. Il me seroit fort aisé d'appliquer cela au sujet de cette Lettre, & de vous monstrer par le menu auec combien d'iniustice l'on s'opiniastre à condamner, ou à faire valoir des termes indifferens, par vne pure preuention d'esprit. Mais ie vous ay desia declaré la resolution du mien, à mespriser des choses qui sont si peu de son goust. Et puis, il n'y auroit point d'apparence de mettre à l'examen les phrases ny les dictions dont traitte cette Preface, puis qu'elles sont plus particulierement considerées dans le corps de l'ouurage, où ie vous ay dit que ie ne voulois point toucher.

Il vaut mieux que i'employe ce qui me reste de papier à combattre le dangereux aphorisme qu'on a glissé vers le milieu de la piece pour le faire passer auec le reste; *qu'il ne faut qu'vn mauuais mot pour descrier vn Predicateur, vn Aduocat, vn Escriuain; & qu'il est capable de faire plus de tort qu'vn mauuais raisonnement.* Pour moy ie tiens ce discours pour vn aussi grand blaspheme dans la matiere dont il est question, qu'on en puisse iamais prononcer. Car pour ce qui concerne ces trois professions differentes, il faudroit que la reputation d'vn Predicateur, d'vn Aduocat, ou d'vn Escriuain fust bien mal fondée, pour estre si tost & si facilement renuersée par vn seul mot; que chacun d'eux croit sans doute tres-bon puis qu'il l'escrit ou le profere, mais qui n'agrée peut-estre pas à vne oreille trop delicate, ny à vn Lecteur scrupuleux. A la fin l'on voudra qu'vn Predicateur prenne garde de plus prés aux loix de la Rhetorique, qu'à celles du Decalogue; & qu'vn Aduocat songe dauantage aux regles de Despautere, qu'aux Constitutions de Tribonien. En tout cas ie maintiens, que la plus mauuaise diction qui puisse apparamment estre employée, ne doit iamais causer vn si mauuais effet, & qu'elle ne le peut aussi qu'enuers des personnes tres-iniustes. Il y a mesme lieu de soustenir que iamais homme n'a mis la main à la plume, n'y parlé en public, dont la renommée n'eust esté bien tost diffamée, si cette maxime auoit tant soit peu de verité. Mais pour ce qui concerne le raisonnement, qu'on veut rendre, autant qu'on le peut, de moindre consideration que les simples paroles, c'est ce que ie vous prie de reietter bien loin de vostre esprit, quelque pretexte que l'on prenne pour l'y imprimer. Et qui sont les personnes dont il faille faire quelque estat, si elles s'apperçoiuent plustost d'vn mauuais mot, que d'vn mauuais raisonnement? & si elles s'arrestent plustost au premier qu'au second? Tenons pour vne verité inesbranlable, que c'est de la bonne pensée que doit venir le prix à vne piece d'Eloquence, qui n'a rien ſans elle de recommandable, *pectus eſt quod nos diſertos facit, & vis mentis.* Mercure n'a nul pouuoir ſans l'aide de Mineruc. La plus grande pureté de langage eſt inſipide, & reſſemble, ſi elle n'eſt accompagnée du bon ſens, à vn boüillon d'eau claire qui ne nourrit point. Et quand Saluſte a dit de Catilina qu'il auoit aſſez d'eloquence, mais fort peu de iugement, *huic eloquentiæ ſatis, ſapientiæ parum,* il n'a parlé que d'vne fauſſe Eloquence, dont on ne doit iamais faire la moindre eſtime. C'eſt pourquoy Ciceron a poſé pour vn fondement certain, que ſans la Philoſophie l'on ne pouuoit eſtre veritablement eloquent, *poſitum ſit in primis, ſine Philoſophia non poſſe effici quem quærimus eloquen-*

In Orat.

tem. Et dans vn autre endroit il maintient que la ſource de l'Eloquence ne ſe doit chercher que dans l'eſtude des belles Lettres, nommant cette meſme Philoſophie, la mere de toutes les belles paroles, auſſi bien que de toutes les bonnes actions, *matrem benefactorum, benequе dictorum*. Quintilien n'a pas eſté d'vne opinion differente. Il remarque apres ce grand Homme, qu'il appelle touſiours ſon Maiſtre, que ceux qui enſeignoient autrefois à bien parler, eſtoient les meſmes qui apprenoient à bien penſer. Et il proteſte qu'il s'opposera toute ſa vie à de certaines gens, qui ſans ſe ſoucier beaucoup des choſes qui importent le plus, & de la matiere du diſcours, qui doit faire le capital, vieilliſſent

In Bruto.

dans vne vaine recherche de termes choisis. Afin que vous ne pensiez pas que ie vous impose, voicy son texte : *Resistam ijs qui omissa rerum, qui nerui sunt in causis, diligentia, quodam inani circa voces studio senescunt.* De verité l'agreable elocution est à priser, mais non pas iusques à vn tel point, que nous la rendions plus importante que le raisonnement. Aron qui estoit fort disert represente la premiere, l'autre ressemble à Moïse, & Dieu semble auoir decidé le merite des deux par ces paroles, *ille erit tibi vice Oratoris, tu vero ei vice Dei.* Ie ne doute point que celuy mesme qui auance la proposition dont nous nous plaignons, ne tombe d'accord de tous les auantages que nous donnons au dernier, puis qu'il auouë qu'il n'y a point de comparaiſon de l'vn à l'autre. Mais cependant il eſt tres-dangereux icy de laiſſer eſtablir des maximes qui vont à faire negliger ce qui eſt le plus important ; outre que nous pouuons dire qu'elles ne ſont pas veritables. Il ne faut pas ſouffrir qu'on donne en quelque façon que ce ſoit le premier lieu aux choſes inferieures & ſubordonnées, ny qu'on mette le ſeruiteur en la place du Maiſtre, ou qu'on prenne, comme diſoit cét Ancien, Melantho & Polidora pour Penelope. Nous voyons tous les iours des Autheurs qui font d'autant plus mal, qu'ils eſcriuent bien & poliment, parce qu'ils ne s'amuſent qu'à des bagatelles, où l'on peut dire qu'ils employent & conſument de trop nobles materiaux. Combien s'imprime-t'il de liures ſemblables à ces fruits de cire, qui ne ſont bons, nonobſtant leur artifice, qu'à tromper la veuë. Et ce que dit gentiment l'Eſpagnol n'eſt-il pas tout euident, qu'on ſe donne aſſez ſouuent bien de la peine à mettre *necedades en almiuar*, ou pour le dire auec moins de grace en François, à debiter des ſottiſes bien confites. Briſons là, ie vous ſupplie, & vous ſouuenez que ces generalitez, où ie me laiſſe par fois emporter, ne doiuent offencer qui que ce ſoit, parce qu'elles ne regardent perſonne dans le particulier.

LETTRE DEVXIESME.

Au meſme.

ONSIEVR,

Quoy que vous ayez tort de me preſſer comme vous faites, i'vſeray d'autant de complaiſance qu'il me ſera poſſible, pourueu que vous ne m'obligiez pas à tenir plus long temps la main à la plume, que ce que la longueur d'vne Lettre assez estenduë le pourra souffrir. S'il faloit satisfaire à toutes vos demandes sur ces belles Remarques, ie me verrois reduit à vn trauail d'vn aussi gros volume pour le moins qu'est le leur. Qu'il vous suffise que ie me feray vne extréme violance afin de vous rendre content, n'ayant gueres de choses plus à contre-cœur que la contestation; sur tout quand elle doit estre auec des personnes de merite, & qu'on honore, comme ie fais celle que ie crains d'offencer icy par des sentimens assez differens des siens. Car apres tout, quelques equitables que nous soyons, il arriue peu que nous disputions sans ressentiment, & sans vne ſecrette eſmotion mal propre à conſeruer les amitiez. Ie penſe qu'on en peut rendre cette raiſon phyſique & morale tout enſemble, que comme la communication eſt grande entre le iugement & la volonté, & leur liaiſon tres-eſtroite, il eſt auſſi preſque impoſſible que ceux qui penſent diuerſement des choſes, & qui ont des opinions contraires, ſoient bien vnis d'inclinations, & ſe rendent autant de bons offices qu'ils feroient ſans cela. C'eſt vne honte neantmoins que nous ſoyons ſi peu raiſonnables, & vne grande foibleſſe d'eſprit, de ne pouuoir ſouffrir la moindre contradiction ſans en venir pour le moins aux mauuaiſes paroles. *Sit iſta in Græcorum leuitate peruerſitas, qui maledictis inſe-* Cic. 2. de Fin.

ctantur eos à quibus de veritate dissentiunt. I'espere de me tenir tellement esloigné d'vn si infame procedé, qu'on ne me pourra rien imputer qui en approche, me contentant de vous remarquer simplement ce qui m'a semblé le moins receuable en lisant ces Remarques dont il est question. Ce sera sans y obseruer d'autre ordre que celuy du liure qui les contient, si tant est qu'il en ait, puis que l'Autheur a declaré qu'il n'en vouloit point garder; & sans me donner plus de peine que de repasser feüille à feüille sur les endroits où i'ay mis vne petite marque en faisant ma premiere lecture.

Page 6. Ie m'estonne qu'il condamne *Cypre*, son grand Autheur Coeffeteau n'ayant point escrit ce mot

mot autrement, comme on peut le voir au neufiesme chapitre du troisiesme liure de son Florus traduit. Il est vray qu'on dit communément de la poudre de *Chypre*, mais dans vn discours d'Histoire, ou de Geographie, il est peut-estre bien à propos d'escrire Cypre, qui est plus correct, & que ie serois tres-fasché de condamner en ces lieux là.

P. 31. Il veut que *Superbe* soit tousiours adiectif, & iamais substantif, pour dire l'Orgueil. Pourquoy cela? puis qu'outre les Predicateurs, & vne infinité de gens qui disent *la Superbe*, comme il l'auouë, on luy peut cotter vn tres-grand nombre de bons Autheurs qui l'escriuent. Il n'a donc pas l'Vsage pour luy. Et s'il suffit de faire le ſcrupuleux, vn autre proteſtera qu'il ne veut plus dire *la cholere*, ny *le chagrin*, parce qu'ils ſont par fois adiectifs, *vn homme cholere*, *vn homme chagrin*. C'eſt la beauté de toutes les Langues d'auoir des noms de cette nature ; & ils ſont ſouuent tres-neceſſaires pour diuerſifier.

Il condamne dans la meſme page *bref*, & *en ſomme*, comme vieux, ce qui eſt ſi peu vray, que nous n'auons point de termes qui ſoient ny plus dans la bouche de ceux qui parlent bien, ny plus employez par ceux qui eſcriuent le mieux. Il en a dit autant de *quaſi*, dans la page 24. le nommant bas, mais parce qu'il s'en eſt comme retracté au meſme lieu en faueur de cette façon de parler, *il n'arriue quaſi ia-*

mais, qu'il trouue bonne, ie ne m'y ſuis pas voulu arreſter.

P. 33. Voicy vne de ſes plus grandes erreurs, de blaſmer ce qu'il appelle tranſpoſition des Pronoms, *le*, *la*, *les*, ce qui ne l'eſt point ; & ſi ſa regle eſtoit vraye qui condamne *ie le vous promets*, & ſubſtituë *ie vous le promets*, il faudroit dire neceſſairement *ie luy le diray*, & non pas *ie le luy diray*, encore que le premier ne vaille rien. On dit indifferemment *ie le vous diray*, & *ie vous le diray*. Toutes les Langues ont cette varieté de locution pour ornement, & c'eſt vne pure fantaiſie de le vouloir oſter à la noſtre. Auſſi ne peut-il nier que ceux qu'il louë ſi haut, & qui veritablement ont le plus merité de noſtre Langue, en combattent ſon precepte dans toutes leurs œuures. Il n'a donc pas encore icy l'vſage pour luy, ny beaucoup moins la raiſon, & l'analogie des autres Langues. Ie luy ſouſtiendray bien plus, il eſt ſouuent neceſſaire de faire ce qu'il deffend, & ſon propre exemple *vous le vous figurez* n'a rien de mauuais, nos meilleurs Autheurs diſioignant ou ſeparant les deux *vous* fort ordinairement auec beaucoup de grace. I'ay trouué depuis en la page 376. qu'il a preſque changé d'auis, & pris heureuſement le noſtre.

P. 35. De condamner *tant plus*, parce que *plus* tout ſeul ſuffit en pluſieurs endroits; c'eſt vne mauuaiſe raiſon, & vne dangereuſe rigueur, qui va à la ruine de noſtre Langue. Le *tant* adiouſte par fois à la ſignification de *plus*, outre qu'il peut seruir à la perfection d'vne periode. C'est à tort qu'il se veut preualoir icy de l'Vsage.

P. mesme. Ie serois bien fasché de condamner absolument, comme il fait, cette façon de parler *cent mille escus valant*; & de fait on dit en la tournant, il auoit bien de meubles, ou en meubles, *valant cent mille escus*, & non pas *vaillant*. Mais quand on parle de toute la richesse d'vn homme, on dit *son vaillant*, & iamais *son valant*.

P. 37. Toute cette remarque de *ny*, qu'il appelle curieuse, est purement chimerique, & n'a iamais esté obseruée. Dieu garde vn genereux Escriuain de songer à cela lors qu'il veut exprimer vne bonne pensée. *Quidam diligentiam putant facere sibi scribendi difficultatem*, dit fort bien Quintilien.

P. 42. Il auouë que *voire mesme* est necessaire, qu'il est ordinaire, & qu'il ne le condamne point aux autres, se reseruant seulement de n'en pas vser. Cela luy est permis. Cependant les derniers liures des plus eloquens hommes de ce siecle l'employent fort à propos. Ils ne le font pas, à cause que *& mesme* est vn peu plus foible, à ce qu'il dit, mais c'est qu'on doit diuersifier, & que cette particule *&* se trouuant trop proche, deuant, ou derriere, il s'en faut par fois abstenir.

P. 43. Il eust bien fait de ne parler point de cette extrauagante opinion de Malherbe.

P. 45. Ie ne sçay qui est ce celebre Escriuain qu'il blasme d'auoir mis *là où* dans ſon dernier ouurage, encore que ie m'en doute. Mais ie ſçay bien que c'eſt auec iniuſtice, le terme eſtant fort bon, & d'vne agreable varieté, pour ne pas dire touſiours *au lieu que*. Ie veux reſpondre icy vne fois pour toutes à l'authorité de ſon M. Coeffeteau, que c'eſt vne fort mauuaiſe raiſon pour condamner *là où*, de dire qu'il ne s'en ſert iamais. Peut-eſtre n'a-t'il iamais penſé à l'euiter. Quand ainſi ſeroit neantmoins, ie n'en vois pas la conſequence. Ce Prelat auoit beaucoup de merite; il a eſté vn des plus ſuiuis Predicateurs de ſon temps, & ſa plume s'eſt trouuée vne des mieux taillées qui fuſſent alors. S'il a eu pourtant les ſcrupules qu'on luy attribuë, il n'en eſt pas plus à eſtimer. Et l'on peut dire, cela presuppose, qu'il eust mieux fait d'estre plus exact aux choses d'importance, & de negliger celles-cy, qui sont possible cause, parce qu'elles luy occupoient trop l'esprit, de quelques beveuës ou mesprises qui luy peuuent estre reprochées. Il eust bien mieux valu qu'il n'eust pas fait de la ville *Corfinium* vn Capitaine Corfinius qui ne fut iamais, comme cela luy est arriué au dixhuitiesme chapitre du troisiesme liure de son Florus; & qu'au vingtiesme chapitre suiuant il n'eust pas traduit ces mots, *sine missione*, *sans attendre le congé de leur Capitaine*, qui veulent dire en ce lieu-là, iusques à la mort, & sans attendre aucune grace. Mais laissons les Morts parmy les Oliuiers sans troubler leur repos, ny la suite de nostre entreprise.

P. 47. Il abandonne icy iniustement Malherbe pour ſuiure Coeffeteau. C'eſt vne moquerie de preferer *parce que* ou *pource que* l'vn à l'autre. Ils n'ont nul auantage que ſelon les lieux où l'on s'en ſert, hors de cette conſideration ils ſont indifferens.

P. 51. I'ay pitié de luy voir condamner vne façon de parler des plus elegantes de noſtre Langue, où *qui* eſt repeté pluſieurs fois. Celle qu'il luy prefere eſt bonne, mais elle n'eſt pas meilleure.

P. 54. Il aime mieux dire *le plus grand vice à quoy il eſt ſujet*, que *le plus grand vice auquel il eſt ſujet*; ce dernier neantmoins eſt plus naturel. Son autre exemple, *Les tremblemens de terre à quoy ce païs eſt ſujet*, ne vaut rien du tout, que peut-estre dans la Sauoye, fort sujette à de tels accidens. Il faut dire, *Les tremblemens de terre ausquels ce païs est sujet.*

P. 55. Sa regle de *qui* & *quoy* est bonne en quelque chose, & fausse en d'autres. Car on ne dit pas mieux *voila vn cheual à qui ie dois la vie*, que, *c'est vn cheual de qui i'ay reconnu les deffauts.* Tous deux sont bons. *le cheual auec quoy*, qui luy sonne bien aux oreilles, en offensent d'autres, qui trouuent mieux dit, *le cheual auec lequel.*

P. 57. Solliciter vn malade est du bas vsage quant à l'action, mais non pas quant à la diction, comme il le pretend.

P. mesme. *Longuement*, dit-il, estoit fort bon à la Cour il y a vingt ans, mais on n'oseroit plus s'en seruir dans le beau langage. Il y a des lieux où il est preferable à *long temps*, comme dans cét exemple, *l'on obserua au mesme temps qu'ils s'estoient longuement promenez ensemble*. L'on en pourroit rapporter mille semblables.

P. 70. Où est-il allé chercher ce *Pnythagore* dont l'on n'a iamais ouï parler? Pythagore ne suffisoit-il pas auec les autres?

P. 85. *Les pieds & la teste nuds*, est mieux dit que, *les pieds & la teste nuë*, contre son sentiment; si l'on veut exprimer la nudité de toutes les deux parties, à quoy ie ne pense pas qu'il ait pris garde.

P. 88. Il vse de cette phrase, *si c'estoient nous qui eussions fait cela*, asseurant que tout le monde parle ainsi. Ie luy soustiens qu'il faut dire *ſi c'eſtoit nous qui euſsions fait cela*, ſoit que l'Vſage fauoriſe par fois, & non pas ſouuent comme il dit, le ſolœciſme; ſoit que le *ſi c'eſtoit* ne ſe coniugue pas-là, non plus qu'en aſſez d'autres elocutions, comme, *ſi c'eſtoit qu'il fiſt beau*, *ſi c'eſtoit que vous me l'euſsiez ordonné*.

P. 101. Il eſt admirable de condamner preſque vne façon de parler, en diſant qu'il ne s'en voudroit ſeruir que rarement; encore qu'il tombe d'accord que tous nos meilleurs Autheurs s'en ſeruent, par cette belle raiſon, qu'elle choque beaucoup d'oreilles delicates. Et qui ſont ces oreilles delicates qu'il faille tant conſiderer, puiſque ce ne ſont pas celles de nos meilleurs Autheurs?

P. 113. *Germanicus a eſgalé ſa ver-*

tu, & son honneur n'a iamais eu de pareil, il appelle cela vne construction louche, qu'il n'a iamais remarquée en M. Coeffeteau. Si elle l'estoit ce seroit à cause du pronom *son*, non pas pour ce qu'il y considere. En verité il n'y a que ses yeux qu'elle puisse blesser. Et quand ie considere cette censure, aussi bien que celle de la page suiuante, où il ne peut souffrir qu'on dise *lors de son eslection*, pour, *quand il fut esleu*, auec ce grand nombre d'autres corrections semblables dont il a vsé, ie ne sçaurois m'empescher de m'escrier,

O *proceres! censore opus est, an haruspice nobis.*

P. 117. *C'est vn importun duquel i'ay bien eu de la peine à me deffaire*, il improuue cela, & veut qu'on mette *dont*, au liéu de *duquel*. L'vne & l'autre façon de s'expliquer est bonne, & ie craindrois d'estre importun si ie voulois que l'vne fust meilleure que l'autre.

P. 119. Il n'aura ny les sains ny les malades pour luy, quand il soustient que *se medeciner* est vn mauuais mot.

P. 123. C'est pourtant à la Cour où l'on chante, & où l'on danse *des mieux*. Il feroit croire que l'on n'y parle pas de mesme, si son obseruation estoit vraye. Mais ie voy des premiers de ce païs-là qui n'en tombent pas d'accord.

P. 124. Il parle fort bien de Henry quatriesme, & toute cette section est veritable ; mais i'eusse voulu y adiouster, qu'en parlant de nostre Roy Charles le Sage il faut dire Charles cinquiesme, & non pas Charles quint; comme tout au contraire si nous voulons parler de l'Empereur, il faut escrire & prononcer Charles quint; car ce seroit alors mal dit Charles cinquiesme si l'on n'adioustoit *du nom*, mais l'on dit tousiours l'Empereur Charles-quint.

P. 138. Ie ne sçay qui est cét excellent Aduocat, mais il aura bien de la peine à gagner sa cause quand il veut qu'on dise *quelque que puisse estre*. S'il y a vne cacophonie à esuiter dans nostre Langue, c'est celle-là.

P. 140. Pourquoy ne dira-t'on pas aussi tost *le malheureux qu'il estoit*, que, *le malheureux qu'il est*. Il trouue bon celuy-cy, & il improuue le premier.

P. 149. Il donne conseil à ceux qui veulent escrire poliment, de s'abstenir du mot *poßible* aduerbial, pour *peut-estre*. Ie luy soustiens que toute la Cour le dit, & que nos meilleurs Escriuains l'employent. D'ailleurs, il se trouue des lieux où *poßible* est mieux placé, mesme dans le plus haut style, que Peut-estre; soit pour esuiter le mauuais son dans vne repetition de plusieurs mots qui auroient la mesme cadence ou terminaison ; soit pour s'esloigner de *peut*, ou *estre*, qui seroient trop proches ; soit encore pour rendre la periode plus iuste, ou mieux arondie, ce qui se presente fort souuent.

P. 152. Le *Proceder* à l'infinitif se dit à l'exemple des Grecs, les Latins n'ayant pas cette construction.

Il est

Il eſt autant dans le bel vſage, que le *procedé.* L'vn & l'autre ſe prononcent de meſme, ce qui trompe ſouuent ceux qui condamnent le premier. Pourquoy oſterons nous de nos liures vne ſi noble façon de s'exprimer?

P. 171. Il approuue ſur l'authorité de Malherbe *iamais plus*, qui certes ne vaut gueres que proche des lieux où l'on dit *mai più.*

P. 177. Cét article a beaucoup de bonnes regles, mais il ſe trompe en cét exemple, *le commerce l'a rendu puiſſante*, en parlant d'vne ville; car il faut dire neceſſairement, à cauſe de l'a, *le commerce l'a renduë puiſſante.* Son exemple de Malherbe dans la page qui ſuit, ne vaut rien non plus; car *la deſobeïſſance s'eſt trouué montée*, ou, *trouuée montée*, ne ſe diſent point tous deux, il faut eſcrire, *la deſobeïſſance s'eſt trouuée auoir monté.*

P. 186. Ie trouue beaucoup de perſonnes qui ne peuuent ſouffrir qu'il condamne ſi determinément cette phraſe, *ſa vigueur alloit diminuant de iour en iour*, qui eſt dans la bouche de tout le monde.

P. 219. Il euſt donné vne meilleure regle pour les ſynonimes, s'il euſt dit, que quand l'vn ne ſignifie pas plus que l'autre, il s'en faut abſtenir; parce que s'ils ne ſont alors tout à fait vicieux, il y a peu à dire. Mais que quand le dernier eſt plus ſignificatif, ou qu'il ſert à rectifier vn ſens equiuoque du premier, ils ſont fort bons, & demandent le pluriel en ſuitte.

P. 220. *Ay-ie fait quelque choſe*

que vous n'ayez fait? ou *faite?* sont tous deux bons.

P. 221. C'est vne pure imagination de dire que *taxer*, pour noter, & mesme pour accuser, n'est plus reçeu auiourd'huy dans le beau langage; & l'equiuoque du Palais, où l'on dit taxer des despens, des frais, des espices, qu'on veut qui l'ait rendu mauuais, est vne chose ridicule.

P. mesme. *Supplier.* C'est icy vn des mots dont il s'est souuenu dans sa Preface, où il le condamne, aussi bien qu'icy, à l'esgard de Dieu. Ie ne sçay qui sont ceux dont il parle, qui dans la traduction des liures anciens l'ont employé en parlant des Dieux du Paganisme; mais ie ne voudrois pas alors condamner ce mot, sans voir comment ils l'auroient couché. Il eſt certain qu'on ne dit iamais aller ſupplier Dieu, & qu'vn pere dit touſiours à ſes enfans, allez prier Dieu. Cela ne prouue pas pourtant que le mot de *ſupplier* ſoit impropre quand on parle à Dieu. Car on dit auſſi correctemeut que pieuſement en s'adreſſant à luy, Mon Dieu, ie vous ſupplie d'auoir pitié de mon ame, &c. A faute d'auoir fait cette diſtinction, l'Autheur des Remarques a declamé à tort dans ſa Preface contre ceux qui s'eſtoient plaints qu'on banniſſoit ce terme à l'eſgard de la Diuinité, mais qui n'ont iamais ny dit, ny penſé, que ce fuſt bien parler de dire ſupplier Dieu pour prier Dieu. Voicy leur propre texte. *Si nous en croyons ces Meſſieurs, Dieu ne ſera plus ſupplié, il faut qu'il ſe contente d'eſtre prié, puis que le mot de* ſupplier *eſt impropre à ſon eſgard.* Vous iugez bien ſi cette plainte n'eſtoit pas iuſte, & ſi elle n'a pas eſté tres-mal interpretée. En effet la priere où l'on dit, Mon Dieu ie vous ſupplie, &c. teſmoigne bien plus d'ardeur, que celle qui n'employe que le mot de prier.

P. 224. Les Courtiſans & hommes & femmes (c'eſt ainſi qu'il parle) qui pour auoir rencontré dans vn liure l'aduerbe *à preſent*, en ont ſoudain quitté la lecture, comme faiſans par là vn mauuais iugement du langage de l'Autheur, ſe ſont plus fait de tort qu'à luy; & ie le trouue fort heureux de n'auoir point eu de Lecteurs ſi peu raiſonnables. En verité il faut auoir le gouſt fort depraué pour trouuer *à preſent* vicieux. C'eſt à peu prés la meſme choſe de *partant*, dont il conſeille qu'on s'abſtienne dans la page ſuiuante 225. Il extermine *d'abondant* auec la meſme rigueur p. 230. & *meſmement* p. 244.

P. 249. Ie ne ſçay qui eſt ce celebre Autheur qui a eſcrit *gagner la bonne grace du peuple*, mais il eſt repris par vne raiſon fort puerile.

P. 250. On dit *guarir*, & *guerir*; & le premier n'eſt pas mauuais comme il penſe. Guerir eſt plus effeminé, & d'enfant de Paris qui change l'a en e.

P. 251. *Ie ne vais pas à l'encontre de cela*, ne peut eſtre condamné auec equité en ce moderne & excellent Eſcriuain que ie ne connois point. Et cette autre phraſe, *fut fait mou-*

rir, n'eſt pas mauuaiſe non plus comme il la croit.

P. 256. Il ſe trompe, l'on dit auſſi bien *courir la poſte*, que *la courre*.

P. 298. Ie ne crois pas comme luy que *chez les Eſtrangers* ſoit mauuais.

P. 305. Il ſe trompe dans l'exemple qu'il donne, où *ce furent* n'eſt pas ſi bon que *furent* ſans la particule *ce*.

P. 307. *Ce que* ne ſe reſout point par *ſi*, comme il le dit, dans ces exemples meſmes, il reſpond à *id*, & à *quod*, Latins, & n'eſt point vieux, mais elegant.

P. 309. *Vous me ferez ce bien*, &, *vous me ferez le bien*, ſont eſgalement bons. C'eſt vne fantaiſie de croire que le dernier ſoit plus doux

& plus regulier que l'autre.

P. 319. *Ie ne ſeray iamais ingrat en voſtre endroit*, n'eſt pas moins du beau langage que, *ie ne ſeray iamais ingrat enuers vous*, contre le iugement qu'il en fait.

P. 320. Les trois fournitures de ſel ſont ſemblables, & c'eſt ſe moquer de nommer la derniere meilleure, & plus elegante. Il y a autant de ſel ſpirituel en l'vne qu'en l'autre.

P. 349. Il prefere *die*, à *diſe*. Meſſieurs nos Maiſtres, pour parler auecque luy, ne feront pas de ſon auis. Preſque tous leurs liures portent *diſe* au ſingulier, *diſent* au pluriel, & iamais *dient*. Le compoſé *meſdire* a ſes temps qui fauoriſent leur opinion.

P. meſme. *Bailler* pour *donner* ne

doit pas estre mesprisé, il est necessaire pour diuersifier, outre qu'il est en vsage.

P. 359. Il se trompe, il faut escrire *quelques riches qu'ils soient*, & non pas *quelque* sans *s*. C'est la mesme chose à l'adiectif qu'au substantif.

P. 364. Ie ne voudrois pas bannir de nostre Langue *notamment*, comme il fait; & il me semble qu'il vaut bien *nommément* qu'il luy substitué.

P. 370. Il veut qu'on dise *preuit*, & non *preueut*, celui-cy neantmoins est plus en vsage.

P. 373. A quoy pense-t'il de flestrir cette façon de parler, *il est courroucé contre moy*, en disant qu'on en vse rarement. Le figuré n'oste rien icy au propre.

P. 378. Tout cét article eſt contre l'vſage, auſſi bien que contre la raiſon. Il n'eſt pas vray, comme il l'aſſeure, que tous ceux qui ſont ſçauans en noſtre Langue condamnent cette phraſe qu'il propoſe, *tous ſes honneurs, toutes ſes richeſſes, & toute ſa vertu s'eſuanoüirent.* Il veut qu'on mette *s'eſuanoüit* au ſingulier, ce qui feroit vn parfait ſolœciſme, à cauſe que les pluriels *honneurs*, & *richeſſes*, demeureroient ſans regime & ſans conſtruction. L'oreille & l'eſprit ſont ſi fort bleſſez quand on entend *tous ſes honneurs, toutes ſes richeſſes, & toute ſa vertu s'eſuanoüit*, qu'en verité ie n'ay trouué pas vn homme du meſtier d'eſcrire & de bien parler, qui n'ait reietté cette elocution. Mais vous ne deuez pas auoir trouué mal plaiſant, qu'il appuye toute ſa regle ſur l'authorité des femmes qu'il a conſultées là deſſus, & qui ſont toutes de ſon auis. Sans doute qu'elles deuoient eſtre alors dans le degouſt ordinaire à celles de leur ſexe. S'il euſt retardé ſept ou huit iours à leur propoſer ſa queſtion, il les euſt trouuées d'vn tout autre ſentiment. En tout cas ie ſouſtiens que par ſes propres principes, puis qu'elles n'eſtoient pas alors de la plus ſaine partie de la Cour qui fait le bon Vſage, ſelon la definition qu'il en donne dans ſa Preface, il n'y a point d'apparence de les rendre iuges en dernier reſſort de ce different. Elles me pardonneront s'il leur plaiſt, cette petite raillerie, qui ne diminuë rien du reſpect que ie leur ay touſiours porté; & vous m'excuſerez de meſme ſi ie remets le reſte à vne autre fois, pour donner vn repos à ma main, que vos yeux ſeront ſans doute bien aiſes de prendre.

LETTRE TROISIESME.

Au meſme.

ONSIEVR,

Ie fais pour m'acquiter de ce que ie vous ay promis, la choſe du monde qui eſt le plus contre mon genie, lors qu'entre tant de

belles Remarques, & de curieuſes Obſeruations, ie vous choiſis celles où ie penſe qu'on peut trouuer à redire; comme ſi ie triois quelque Aubifoin & quelque Pauot ſauuage du milieu d'vne tres-fertile moiſſon. La figure d'Apollon portant les Graces dans ſa main droite, & ſon arc auec ſes fleches dans la gauche, comme beaucoup plus enclin à faire du bien, qu'à nuire, apprenoit aux hommes d'eſtude, qui en faiſoient autrefois leur Dieu, qu'ils deuoient bien plus volontiers loüer que reprendre, & publier le merite des belles choſes, que cenſurer les autres. Mais puiſque les meſmes conſiderations qui m'ont fait commencer ces petites notes, m'obligent à les continuer, ie veux vous tenir parole, & reprendre le liure que i'auois laissé, au mesme lieu où ie trouue le feüillet plié.

Page 382. Celuy qui est icy nommé vn de nos meilleurs Escriuains, & que ie ne connois point, est repris d'vne façon de parler qui n'est pas vne faute, encore que l'autre phrase qu'il prefere soit peut-estre la meilleure. Il ne faut pas pour faire vne regle condamner comme absolument mauuais, ce que nous trouuons qui peut estre mieux dit autrement.

P. 383. Si le mot *accoustumance* exprime mieux & vniquement (il parle ainsi) ce qu'il signifie, pourquoy le condamne-t'il en disant qu'il commence à vieillir. On nie qu'il soit hors d'vsage, comme il dit; non plus que *d'auanture* qui suit.

P.384. On ne risque rien comme il pense en disant *le peu d'affection qu'il m'a tesmoignée*, quoy qu'on dise fort bien *tesmoigné*.

P.385. Lisez la regle qu'on propose icy, & comprenez si vous pouuez par quelles raisons l'on condamne cette elocution, *il a esté blessé d'vn coup de fleche qui estoit empoisonnée.* Et où a-t'il appris ce beau principe de Grammaire, que l'article indefiny ne reçoit iamais apres soy le pronom relatif? Et quand cette maxime seroit aussi reelle qu'elle est imaginaire, que deuiendront ses propres aphorismes, qui portent que l'vsage va souuent contre les regles? & que ce sont des choses fort differentes par fois de parler bien, & de parler Grammaticalement? *aliud Latinè aliud Grammaticè matice loqui.* Y a-t'il quelque façon de s'expliquer dans nostre Langue qui se prononce plus naturellement ou plus ordinairement que celle-là, & toutes celles qui luy ressemblent dans la contrarieté qu'elles ont à sa regle, contre laquelle il peche luy mesme en cent endroits? Celle qui suit dans la page 386. reçoit d'autres exceptions que du vocatif, & l'on dira fort bien, *il a fait cela par amour, qui est vn dangereux Maistre.*

P. 388. *Au surplus n'est pas du bel vsage*, si nous l'en croyons, *bien qu'vn excellent Escriuain, qu'on peut imiter en tout le reste, ne face pas difficulté de s'en seruir dans ses derniers ouurages.* C'est vne chose estrange qu'vn homme qui peut estre imité en tout le reste, merite condamnation pour si peu de chose? & qu'il se soit mespris en cela seulement. Il obserue que dés le temps du Cardinal du Perron *au surplus* estoit tenu mauuais; là où *au demeurant* a cét auantage qu'alors il estoit bon, n'y ayant que quinze ou seize ans qu'on commence à le mettre au rang des termes barbares (c'est ainsi qu'il parle.) Admirez vne si precise supputation chronologique, qui n'empesche pas pourtant que ces termes n'ayent tousiours esté employez, & ne le soient encore tous les iours tres-elegamment.

P. 392. Ie ne trouue pas estrange que ce soit vn de nos meilleurs Escriuains qui ait dit *auoir à la rencontre*, car il n'est pas mauuais, & c'est à tort qu'on le reprent.

P. 393. L'vſage eſt contre tout ce qu'il dit du *mutuel*, & du *reciproque*.

P. 397. Il approuue cette phraſe *pour s'empeſcher d'eſtre ſuiui*, que ie ne blaſme pas, mais que beaucoup de perſonnes veulent eſuiter. L'autre qu'il trouue bonne auec raiſon, *laiſſant ſa mere auec ſa femme & ſes enfans priſonniers*, n'eſt pas vne faute dans la Grammaire comme il le croit, parce que la prepoſition *auec* n'a pas touſiours l'effet qu'il dit, ioignant au contraire, & entaſſant diuerſes choſes pour faire vne pluralité.

P. 403. Il y en a qui trouuent plus à redire que moy dans la façon dont il condamne *proüeſſe*.

P. 404. Il ne faut point eſuiter, quoy qu'il diſe, le mot *d'eſclauage*, qui eſt auſſi noble que ſa ſignification eſt miſerable. Il euſt bien mieux fait de croire cét homme tres-eloquent qui le trouuoit bon.

P. meſme. *Auiſer* pour *apperceuoir* eſt bas, dit-il, & de la lie du peuple. Les Princes & les Princeſſes neantmoins le diſent tous les iours, & il s'eſcrit de meſme.

P. 408. Il ſe trompe apres auoir fait de fort bonnes obſeruations. On dit tres-bien *il ne ſe peut pas faire*, & *il ne pouuoit pas mieux faire*, de ſorte qu'oſtant *pas*, il ne reſte rien d'incomparablemẽt meilleur, comme il pretend.

P. 413. *Seraphin* n'a point d'*m* en Latin non plus qu'en François, teſmoin ſon genitif, & les autres cas tant du ſingulier que du pluriel. Quand il a vne *m*, il eſt Hebraïque & indeclinable parmy nous. Il a raiſon de condamner *viol*, pour *violement*, mais c'eſt ſans beſoin ; car comme il ne ſe dit point, ie ne penſe pas qu'il puiſſe monſtrer que iamais perſonne l'ait employé.

P. 434. Sa remarque ſur *courir ſus*, n'eſt pas bonne. L'on dit fort bien, *il ne faut pas leur courir ſus*.

P. 435. Il couche *de façon que*, qui eſt tres-bon, en fort mauuaiſe compagnie, pour le faire rebuter; *ma queſto non va con l'inſalata*.

P. 442. *Vouloir*, pour *volonté*, eſt encore auſſi bon & en proſe & en vers, qu'il fut iamais.

P. 446. Il ſe trompe, l'on dit fureur du combat, auſſi bien que furie; & la fureur du mal ſe dit auſſi.

P. 449. *Fortuné* pour malheureux, n'eſt pas bas, mais beaucoup de perſonnes le tiennent mauuais en cette ſignification, & qu'il faut dire *infortuné*.

P. meſme. *Et ſi*, pour *&* *de plus*, eſt en vſage, & auſſi bon qu'il fut iamais.

P. 451. *Les Geſtes*, qu'il ne peut ſouffrir, ont touſiours eſté vn tres-beau mot, & qui ſignifie autant tout ſeul, que hautes ou grandes, & heroïques actions, comme quand ie dis, les geſtes d'Alexandre le Grand : Si ie ne diſois que les actions d'Alexandre le Grand, cela ne ſignifieroit preſque rien, & ſe pourroit entendre de ſes moindres actions, auſſi bien que des plus releuées.

P. 458. Ie ſuis de ſon auis qu'on

a eu tort de reprendre l'expreſſion du Tacite François, qui eſt tres-bonne. Cela monſtre combien il y a de mauuais Critiques, & doit donner vne iuſte apprehenſion de cenſurer mal à propos.

P. 460. Cette regle touchant le verbe *auoir* doit eſtre miſe au rang des autres que nous auons veuës qui regardent les tranſpoſitions. Il veut que tout ſoit vniforme; & la varieté eſt celle qui agrée le plus. *S'il euſt encore eſté malade*, vaut bien *s'il euſt eſté encore malade*, quoy qu'il veille dire.

P. 463. Pourquoy bannit-il *futur* de la proſe? On y dit fort bien, les races futures, les aſſemblées futures, & autres ſemblables.

P. 465. On ne dira iamais que tres-mal en parlant d'vne Princeſſe, elle vient *incognito*, ce qu'il approuue. On dira, elle vient, ou paſſe comme inconnuë. Et ſi l'on vouloit ſe ſeruir alors du terme Italien de meſme qu'on fait en parlant d'vn homme, il faudroit former vne phraſe, & dire, elle veut paſſer *à l'incognito*, comme l'on dit *à l'improuiſte*.

P. 479. Ce celebre Eſcriuain qui m'eſt inconnu ſouffre vne iniuſte cenſure, *cette entrepriſe luy eſt reüſcie* eſt auſſi bien dit que, *cette entrepriſe luy a reüſci.*

P. 484. Il laiſſe aux Notaires *preallable*, & *preallablement*. Mais que dites vous de l'auerſion d'vn grand Prince (qu'à mon auis vous ne connoiſſez pas non plus que moy) qui n'entendoit iamais dire l'vn ou l'autre de ces deux mots ſans froncer le ſourcil? Que deuoit-il faire en voyant les Ennemis?

P. 485. Peu de perſonnes tomberont d'accord de ſes ſubtilitez ſur *beaucoup*, parce que *gens* ou *perſonnes* ſont touſiours ſous-entenduës. Et ſa regle quand il ſuit ou precede vn adiectif, n'a rien de reel, ny qui ſoit de l'vſage; de ſorte que ce n'eſt pas merueille qu'vn celebre Autheur l'ait violée.

P. 486. Ce qu'il dit icy du barbariſme eſt bien penſé, mais il l'applique mal. Il ſemble qu'il ne l'ait couché que pour triompher de la phraſe *leuer les yeux vers le Ciel*, qu'il attribuë dans ſa Preface à ces Meſſieurs dont il s'eſt plaint ſi hautement. Il la repete encore dans la page 569. la mettant comme icy au rang des barbarismes, tant il a creu qu'elle estoit propre à son dessein. Cependant il se trouuera bien loin de son comte. Car ie luy soustiens, que comme il ne sçauroit monstrer que ces Messieurs ayent iamais employé cette elocution dans tous les liures qu'ils ont escrits, parce que l'occasion ne s'en est pas presentée, aussi auoient-ils raison de se plaindre qu'on la voulust absolument condamner. En effet il y a des lieux où elle peut estre placée, & seruir grandement à l'expression. Par exemple, si ie veux descrire ce qui arriue à vne personne qui reuient d'vne defaillance, ie diray fort bien *que reprenant vn peu ses esprits elle commença à leuer petit à petit ses yeux vers le Ciel*. Cela explique beaucoup mieux la langueur de cette personne au retour de la ſyncope, que ſi ie diſois ſimplement qu'elle leua les yeux au Ciel, d'autant qu'on leue les yeux au Ciel par vne action momentanée, au lieu que ce *vers le Ciel* teſmoigne qu'elle ne les pouuoit pas porter encore iuſques là, & que ſa debilité l'obligeoit à les arreſter en chemin. Ce n'eſt donc pas icy vn barbariſme tel que l'Autheur des Remarques l'a dit par trois fois. Ie ſçay bien que ç'a touſiours eſté auecque grande ciuilité. Il fait profeſſion d'honorer ces Meſſieurs dans ſa Preface. Et dans cette page c'eſt vn de nos meilleurs Eſcriuains qui a commis ce barbariſme. Peut-on mieux donner vn ſoufflet en diſant *Aue*?

P. 459. de faux chifre. Il faut

que ie mette icy de mon costé les femmes & les Courtisans qu'il reprent. Prenons pour cela l'exemple qu'il donne & condamne tout ensemble. *I'ay parlé à vn tel de vostre affaire, il s'y portera auec affection.* Celle *que vous m'auez fait paroistre ces iours passez, &c.* Ie dis que le commencement de la seconde periode par *Celle*, est fort naïf, & aussi bon qu'aux choses materielles & personnelles où il l'approuue. N'auouë-t'il pas luy mesme dans la page 487. qui suit, que la naïfueté est vne des plus grandes perfections du style?

P. 468. On dit *cette affaire luy a bien succedé*, &, *luy est bien succedée*, & l'vsage y est tel, que c'est se moquer d'y trouuer à redire.

P. 469. La faute qu'il dit auoir

trouuée dans les œuures d'vn bon Escriuain, est vne elegance fort vtile, & qui sert à l'expression ; le *quoy que*, apres *bien que*, dans l'exemple qu'il propose, me semble necessaire pour exprimer plus fortement, outre qu'il a vn grace particuliere.

P. 486. Il donne vn auantage au verbe faire, qu'il n'a pas mesme dans les phrases qu'il propose : *Ie n'escris plus tant que i'escriuois autre-fois*, vaut bien ; *Ie n'escris plus tant que ie faisois autre-fois*. Cela est esgal pour le moins, si la repetition *d'escriuois* n'est par fois meilleure, comme il arriue quand on s'est déja seruy du mot faire.

P. 490. Tout au contraire de ce qu'il dit, aux synonimes comme *sage & auisé*, il ne faut point repeter la particule *ſi*, veû meſmement que le dernier, qui eſt *auiſé*, ſignifie moins que le premier. Or il ſemble qu'en repetant *ſi*, *vous eſtes ſi ſage & ſi auiſé*, l'on veille faire paſſer *ſi auiſé* pour quelque choſe de plus que *ſi ſage*, ce qui eſt ridicule, & s'appelle en Latin *nugari*. Ie tiens donc que ſi l'on met ces ſynonimes, ou autres ſemblables, pour accommoder vne periode, à quoy il faut eſtre fort reſerué, le meilleur ſera de les mettre ſans la particule *ſi*, afin qu'on ne penſe pas qu'on ait deſſein de peſer ou faire fort ſur le dernier.

P. 512. *Arondelle, hirondelle, herondelle*. Le dernier, dit-il vaut le mieux, hirondelle eſt le meilleur apres, & par conſequent Arondelle eſt le pire. I'admire cette gradation de bonté, & cét examen à la balance du Raffineur. Arondelle est le vray mot François, tesmoin nos vieux liures qui disoient Arondes, comme l'on fait encore en Normandie. Le païs Latin a preferé hirondelle à cause de *hirundo*. Et Erondelle est du franc Badaudois, qui change tousiours *l'a* en *e*, *merry* pour *marry*, comme il l'obserue fort bien, *Mademe* pour *Madame*. Cela n'empesche pas pourtant que si Erondelle est plus en vsage que les autres, l'on ne doiue s'en seruir, puis qu'on a bien preferé Mademoiselle à Madamoiselle, qui ne se dit plus. Mais vous estiez ce me semble dans vne grande compagnie, où l'on trouua sur cette remarque, qu'on auoit choisi & pris le pire. Il est certain que le peuple dit à Paris la ruë de l'Erondelle.

P. 514. Vn de nos plus celebres Escriuains dont il parle, qui tend des pieges à ceux qui se proposent de l'imiter, & que ie ne pense pas connoistre, ne fait point de faute comme il dit, en plaçant par fois les gerondifs *estant* & *ayant* deuant le substantif. Il y a souuent de l'elegance en cela. *Ayant ce bon-homme fait tout son possible*, ou, *estant le bienfait de cette nature*, qui sont ses exemples choisis pour decrediter cette façon de parler, seront de tres-bonnes locutions selon le lieu où l'on s'en seruira, quoy qu'il dise qu'elles ne sont plus en vsage que chez les Notaires.

P. 519. *Cela dit*, se prononce & s'escrit aussi bien que *cela fait*, qu'il ap-

approuue. Ie ne penſe pas m'eſtre iamais ſeruy de l'vn ny de l'autre. Mais puis qu'il reconnoiſt que pluſieurs l'eſcriuent, & particulierement la plus part de ceux qui font des Romans, qu'on n'accuſe pas de negliger la pureté du langage, il a deû croire qu'ils ne le mettoient pas ſans vſage.

P. 520. Prenez garde qu'il auouë que la plus part du monde dit *ſes pere & mere*, ce qui eſt vray. Car les plus renommez Predicateurs, & les plus diſerts Aduocats parlent ſouuent ainſi. Et cependant ayant reconnu cét vſage, il ſouſtient que c'eſt vne des plus mauuaiſes façons de parler qu'il y ait en toute noſtre Langue, parce qu'elle ne s'accommode pas à ſa regle, qui eſt d'ailleurs fort bonne. Et que deuiendront ces belles maximes qu'il eſtablit dans la page 395. *qu'il faut eſcrire comme on parle* ? & dans la page 375. *que le plus bel vſage eſt celuy qui va contre les regles* ? Il n'a pas pris garde que la phraſe *ſes pere & mere* s'employe où l'on diroit autrement *ſes parens*, & où l'on veut vnir les deux autheurs de noſtre eſtre ſans les conſiderer ſeparément, ce qui eſt ſignificatif & elegant, comme *il a mal traitté ſes pere & mere*, *pere & mere ſont morts*, & cette autre phraſe qu'il met au rang des barbariſmes dans la page 570. *les pere & mere ſont obligez*. Certes il a tort, c'eſt vne proprieté de noſtre Langue qu'il faut conſeruer.

P. 526. Le mot de *gracieux* ne luy ſemble pas bon ; encore, dit-il, qu'vn de nos plus celebres Escriuains s'en soit seruy. De verité il y a des endroits où il ne sonne pas bien, mais c'est quand on le dit exprés pour rire, & auec vn ton de la voix qui fait voir l'intention qu'on en a. Mais pourquoy ne dira-t'on pas bien, *vous trouuerez vn homme le plus gracieux du monde & le plus ciuil*, ou tout au contraire, *vn homme tres-mal gracieux*. Il fait neantmoins bas ce dernier, & dit qu'il n'a pas d'employ dans le stile noble.

P. mesme. Il ne deuroit pas tant craindre qu'on imite ce celebre Escriuain qui a mis *par sus tout i'admire*, car il n'a point failly. La façon de parler n'est point vieille, & ie ne sçay où l'on peut trouuer là de *l'archaïsme*, n'y ayant que de la delicateſſe. On dit *par ſus tout*, & non *par ſur tout*, changeant l'*r* en *s*. De ſorte que ſi *ſur tout* eſt bon, *par ſus tout* l'eſt auſſi, & par regle & par vſage. L'amolliſſement d'vne lettre ne change pas la nature du mot.

P. 537. On dit tres-bien au paſſage de meſme qu'au pas des Thermopyles.

P. 539. Contre ſa maxime *ſeant*, ſe dit fort bien des habits, comme, *vn ſi court manteau n'eſt pas ſeant à vn homme de la ſorte*. C'eſt eſtre ingenieux à ſe faire de la peine & à ſe tromper, d'eſtablir des regles ſans fondement.

P. 542. *Entaché* luy ſemble extrémement bas. Ie prie Dieu qu'il le releue, car il eſt tres-ſignificatif, & comme il l'auouë, *dans la bouche presque de tout le monde.* Ainsi voila presque tout le monde dans vne extréme bassesse.

P. 543. Il trouue *frapper sur la cuisse* beaucoup plus elegant & plus François que frapper la cuisse. Ie le croy par la raison qu'il tait, que frapper la cuisse se dit d'vn coup donné pour faire mal ; & frapper sur la cuisse est vn terme d'amourettes.

P. 544. Il doute si *froidir* est bon. Ie ne sçay qui l'en pourroit asseurer ?

P. 548. I'ignore celuy dont il parle, seulement suis-ie asseuré que ce n'est pas de moy. Mais ie ne trouue rien à dire en cette façon d'escrire qu'il reprent , *Ie ne sçaurois oublier*, *Monseigneur*, *cét heureux seiour.* Il est vray qu'il a oublié à enfermer Monſeigneur entre deux virgules, comme il faut toujours faire.

P. 549. On ne doit pas commencer par *Voſtre Maieſté Sire.* Mais dans la ſuitte du diſcours on le peut fort bien mettre, & c'eſt le meſme de *Voſtre Alteſſe Monſeigneur, &c.* Pourquoy faire des regles qui ſont ſans raiſon & ſans vſage, ou pluſtoſt qui combattent l'vne & l'autre?

P. 559. Il ſe retracte ſans ſujet d'auoir parlé baſſement. Conſiderez ie vous prie le mal-heur, de s'arreſter à ce qui ne le merite pas. Cependant qu'il s'eſt amuſé à faire cette vaine retractation, il pouuoit nous dire de tres-bonnes choſes comme il fait ailleurs, & ſelon qu'il en eſt tres-capable.

P. mesme, ligne derniere. Il censure iniustement vn qu'il nomme excellent Autheur. Ses substantifs sont trop ambitieux, de vouloir tousiours marcher auec vn si grand train, & d'estre si fort sur le point d'honneur.

P. 570. Il couche bien hardiment des phrases au rang des barbares, qui n'en ont pas le moindre air. Ce n'est pas estre Barbare d'escrire, *ie suis obligé de faire & dire tout ce que ie pourray*, ny, *se vanger sur l'vn & l'autre*. p. 571. ny, *supplier auec des larmes*. p. 572. Car on parlera tres-bien en ces termes, *il le supplioit auec des larmes qui eussent attendri le cœur d'vn Barbare*; & le barbarisme seroit plustost à mettre *auec larmes* sans *des*, comme neantmoins il le veut.

P. 580. Il appelle vicieuſes beaucoup de tranſpoſitions qui ſont bonnes, & ſouuent neceſſaires, prenez la peine de les conſiderer.

P. 583. Il nomme de meſme mauuaiſe ſtructure, ce qui ne l'eſt point, & qu'vn Autheur a mis exprés pour diuerſifier, vous prendrez plaiſir à luy en voir faire l'anatomie. Mais quand il accuſe le meſme Autheur de n'auoir pas eſcrit nettement de la ſorte, *en cela pluſieurs abuſent tous les iours merueilleuſement de leur loiſir*, ie penſe que vous vous trouuerez ſurpris d'vne telle cenſure. Il dit qu'il y a trop de mots pour vn ſeul verbe, & appelle cela *arenam ſine calce*. Voila vne riche application du mot de Caligule? & c'eſt bien entendre ce qu'il vouloit dire ? Cét Empereur ennemy de la gloire de tous les hommes ſçauans, imputoit à Seneque par ialouſie, que ſes penſées eſtoient tellement deſtachées & ſans liaiſon dans ſes eſcrits, qu'il les auoit ſeulement approchées les vnes des autres, les faiſant meſme ſouuent combattre par des ſentences breues & oppoſées. Il prit ſujet là deſſus d'vſer de cette façon de parler, & d'employer la comparaiſon du ſable mal lié, dont tout le monde s'eſt moqué, parce qu'elle eſtoit tres-mal appliquée contre vn Philoſophe qui eſtoit deſia de grande reputation, & qui s'eſtoit ſeruy d'vn ſtile fort conuenable à ſa profeſſion. Mais accordons à l'Autheur des Remarques que les Verbes ſoient de la chaux, & les autres parties de l'oraison du ſable (quoy que cela ne conuienne nullement auec le texte de Suetone, ny auec le ſtile de Seneque tout remply de Verbes comme extrémement concis) où eſt le deffaut de chaux dans la periode que nous venons de voir, qui eſt ſi courte, qu'il n'a peû la reprendre ſans en faire vne trois fois plus longue, cimentée par vn ſeul verbe? Vous ſçauez ce qu'on pourroit dire là-deſſus de celles de Demoſthene & de Ciceron, les premiers Architectes que nous ayons en cette ſorte de baſtimens. Ils en font de dix & douze lignes qui n'ont qu'vn verbe à la fin. Si eſt-ce qu'on ne leur a iamais reproché que leur ſable fuſt ſans chaux; comme perſonne auſſi n'a pris, ny peû prendre ces termes de la ſorte. Pour reuenir à la correction, i'aime mieux qu'vn autre luy donne le nom qu'elle merite que moy, n'ignorant pas comment vn plus hardy que ie ne veux eſtre l'appelleroit. Le Cenſeur parle dans ſa Preface de la bile de ces Meſſieurs. Iugez ſi la ſienne n'eſtoit pas icy bien eſmeuë contre eux; auſſi a-t'elle eu le temps de ſe recuire dix ans durant.

P. 593. Cette fin me plaiſt extrémement, où apres tant de regles ſeueres qu'il a données, ſurquoy l'on peut ſouſtenir que ny luy ny autre n'a iamais bien eſcrit en noſtre Langue, ny n'eſcrira à l'auenir, il ne laiſſe pas de prononcer hautement *pour la gloire de la France, qu'elle n'a point encore porté tant d'hommes qui ayent eſcrit purement & nettement qu'elle en fournit auiourd'huy, en toute ſorte de ſtiles.* Et comment ſe peut faire cela, ſi nos meilleurs Autheurs, & nos plus celebres Eſcriuains, ont commis tous les ſolœciſmes & tous les barbariſmes qu'il leur impute?

Me voicy donc arriué comme vous voyez au bout d'vne aſſez longue carriere. Ie vous ſupplie de croire que ſans le deſir de vous complaire, & de vous donner à connoiſtre que ces nouuelles Remarques ne ſont fondées que ſur des ſentimens particuliers, ie n'y aurois iamais apporté de contredit. Elles ne laiſſent pas d'eſtre d'ailleurs de tres-grand prix. Leur ſtile eſt excellent dans le genre didactique. Elles contiennent mille belles regles ſur noſtre Langue, dont ie taſcheray de faire mon profit. Et ie tiens que leur Autheur eſt vn des hommes de ce temps qui a eu le plus de ſoin de toutes les graces de noſtre Langue, ne trouuant à reprendre en luy que l'excés & le ſcrupule, comme en ceux qui ont tant d'ardeur pour vne Maiſtreſſe, qu'ils paſſent de l'amour à la jalouſie. Mais encore n'eſtoit-il pas iuſte de laiſſer eſtablir ſans dire mot de certaines maximes qui vont à la deſtruction de noſtre langage. Vous auez veû le nombre prodigieux de dictions & de phraſes qu'il veut abolir. Iamais les Renards de Sanſon ne mirent tant de deſolation dans la moiſſon des Philiſtins, que ces Remarques ſont capables d'en cauſer parmy tout ce que nous auons d'œuures d'eloquence. Et à laiſſer aller les choſes de la ſorte nous tomberions bien toſt dans la diſgrace dont Seneque s'eſt plaint, où il commence vne de ſes Epiſtres de la ſorte; *Quanta verborum nobis paupertas imo egeſtas ſit, nunquam magis quam hodierno die intellexi.* Quintilien a fait depuis la meſme complainte en ces termes, *iniqui iudices aduerſus nos ſumus, ideoque paupertate ſermonis laboramus.* Si n'y a-t'il point de comparaiſon entre l'abondance de leur Langue, & l'indigence de la noſtre; qui ne poſſede preſque autre choſe que ce qu'elle emprunte de la Latine. Que l'Autheur des Remarques nous pardonne donc vne ſi iuſte apprehenſion, & qu'il ſe ſouuienne s'il luy plaiſt, que le nom de cét Ange de l'abyſme ſi redouté, de ce Roy des Sauterelles de l'Apocalypſe, eſt celuy d'Abadon en Hebreu, d'Apollyon en Grec, & d'Exterminateur en François. Cela veut dire qu'il n'y a rien de plus odieux que d'abolir & de détruire. I'aurois beaucoup de choſes à vous adiouſter, mais ma plume eſrenée, & le lieu où vous voyez que le papier me manque m'obligent à finir.

LETTRE QVATRIESME.

Au meſme.

ONSIEVR,

Ce que i'euſſe peû vous dire la derniere fois, & que vous deſirez encore ſçauoir, regarde beaucoup de tres-bonnes maximes que l'Au-theur

theur des nouuelles Remarques a données en diuers lieux de ſon liure, quoy qu'il n'y ait rien de plus contraire au but principal de ſon ouurage, qui eſt de condamner irremiſſiblement iuſques à la moïndre ſyllabe qui choque tant ſoit peu les regles Grammaticales qu'il eſtablit. Certes ce n'eſt pas vne grande merueille que celuy-là contrediſe les autres, qui ſe contredit luy meſme, & qui confeſſe qu'il ne ſçauroit obſeruer les loix qu'il veut faire garder auec tant de rigueur.

Ie vous ay deſia fait conſiderer par ma derniere Lettre ſur les pages 385. & 520. comme ſes cenſures ne pouuoient ſubſiſter s'il eſt vray, ſelon qu'il l'eſtablit, qu'on ſoit obligé d'eſcrire

de mesme qu'on parle, qu'il y ait
p. 395. fort à dire entre parler bien, &
p. 463. parler Grammaticalement, & que
p. 375. le bel vsage soit celuy qui va contre les regles.

Il dit fort bien au sujet du mot *depuis*, p. 174. que l'equiuoque qu'il peut faire à cause qu'il est tantost preposition, & tantost aduerbe, se peut oster par vne seule virgule, & par la construction entiere d'vne periode qui fait connoistre ce qu'il est. Cependant vne bonne partie de ses corrections s'esuanouïssent par là, & auec ce seul canon ou cette seule regle l'on rectifie tout ce qu'il a creu estre de trauers.

Nous lisons dans la page 396. que c'est la richesse de nostre Langue de pouuoir dire vne mesme chose de deux façons. Ie n'en veux pas dauantage pour deffendre à propos cent choses qu'il n'a pas trouuées à son goust.

Il a souuent repeté ce qui se lit plus precisément dans la page 424. qu'il n'y a iamais de mauuais son quand l'oreille y est accoustumée. Doute-t'il que celle de tant de bons Autheurs & d'excellens Escriuains qu'il a repris, ne fussent satisfaites des termes qui ne le contentent pas?

Il a tres-iudicieusement escrit dans la page 472. du second chifre, qu'il y a des frases qui ne veulent pas estre espluchées, ny prises au pied de la lettre, *quæ non aurificis statera sed quadam populari trutina examinantur*, comme parle Ciceron. Et neantmoins il pese tout au trébuchet du Raffineur, dont ie me souuiens de luy auoir desia fait reproche.

Il confesse que la naïfueté est vne
p.347. des plus grandes perfections du stile. Comment se pourroit-il faire qu'vn stile fust naïf dans la gesne où il le met? & parmy tant de contraintes qu'il luy donne?

Mais peut-estre vous imaginez vous qu'il se peut tirer de toutes ces obiections, en repliquant qu'il ne condamne que ce qui est contre le bon vsage, & qu'il entend que toutes ses regles n'ayent lieu qu'autant qu'elles s'y peuuent accommoder.

Ie vous veux faire voir comme c'est en cecy qu'il se contrarie le plus, & que ce qu'il dit luy mesme de l'vsage renuerse toutes ses maximes, & ne laiſſe ſubſiſter pas vne des cenſures que nous auons improuuées. Il declare dans la page 470. que l'Vſage n'eſt le maiſtre des Langues viuantes, que lors qu'on n'en eſt point en doute, & que tout le monde en demeure d'accord. Il auoit deſia eſcrit dans la page 454. que de mettre quelque choſe en queſtion, c'eſt vne preuue infaillible que l'Vſage ne l'a pas decidé. Et il adiouſte ſelon cette meſme doctrine page 554. que toutes les fois qu'on doute d'vn mot, c'eſt vn ſigne infaillible qu'on doute de l'Vſage. Or il ne peut pas dire que tant de grands Autheurs & de celebres Eſcriuains qu'il reprent, ne luy diſputent l'Vſage, & que chacun d'eux ne croye connoiſtre le bon, & celuy de la belle Cour aussi bien que luy. De sorte que de les vouloir battre de l'Vsage, & de pretendre gain de cause de ce costé là, c'est tomber dans le vicieux *Diallele*, & auoir recours à vne perpetuelle petition de principe. On luy obiectera tousiours qu'il prent l'Vsage douteux, pour le declaré, selon les diuisions de sa Preface, & par ce moyen il sera contraint de se battre en vain dans le cercle dont la Logique veut que nous nous esloignions si soigneusement. En effet il est par fois si peu dans l'Vsage pour lequel il esmeut de si fortes contestations, qu'on luy soustient qu'il n'y a plus que luy en France qui donne du Monsieur à Malherbe, ny qui parle auec plus de ceremonie de Coeffeteau que d'Amyot. Ce ne sera donc pas l'Vſage qui luy pourra donner de l'auantage, puis qu'on en doute, que chacun pretend l'a-uoir, qu'on traitte d'vne langue viuante, & qu'il n'eſt queſtion que de ce meſme Vſage ſur lequel on ne ſe peut accorder.

La choſe de toutes dont nous ſommes le moins d'accord enſem-ble, c'eſt que ſon liure ſoit plus ſçauant que luy qui l'a fait, & qu'il faille pluſtoſt ſuiure ce que preſcriuent ſes Remarques, que la façon dont il eſcrit. Sa modeſtie ne nous doit pas impoſer là deſ-ſus, & pour vous faire compren-dre que ie ne le dis pas ſans ſujet, conſiderons vne ou deux des cor-rections de ſon *Errata*. Dans la pa-ge 343. ligne 18. il auoit mis a-pres le verbe *tromper*, *on le peut eſtre encore*, *&c.* par vne fort bonne façon de parler. Il veut qu'on la corrige ſans beſoin, & qu'on liſe *on peut eſtre encore trompé*, ce qui eſt indubitablement moins bien, à cauſe d'vne ennuyeuſe repetition du mot tromper, comme toute perſonne accouſtumée à eſcrire, & qui a bonne oreille en tombera d'accord. Voicy vne autre correction auſſi mal fondée, ſur ce que la page 461. ligne 5. portoit ces mots, *la toile dont les Matelots ſe ſeruent pour receuoir le vent qui pouſſe leurs vaiſſeaux.* Il ordonne qu'on oſte *receuoir*, & qu'on mette *prendre* en ſa place, ſur ce pretexte ſans doute, qu'on dit ordinairement ſur la mer *prendre le vent.* Cependant la conſequence qu'il tire de cela n'eſt pas bonne, parce qu'on peut fort bien dire, là & ailleurs, *receuoir le vent.* L'on n'est pas tousiours obligé de se seruir des termes de tous les Arts, & c'est par fois vne faute de s'y assuiettir. En tout cas n'est-ce pas se moquer de faire vne correction de cela ? & ne peut-on pas maintenir que sa façon d'escrire vaut souuent mieux que ses regles?

C'est icy que ie vous coniure de vous souuenir de tant de beaux preceptes que ces renommez Orateurs Grecs & Latins nous ont donnez, pour nous faire negliger les petites choses, comme sont toutes celles de cette nature, si nous voulons prendre quelque idée de la souueraine Eloquence. Ie ne vous rapporteray rien là dessus de ce que vous pouuez voir expliqué fort au long dans les Considerations sur l'Eloquence Françoiſe de ce temps. Permettez moy ſeulement d'y adiouſter quelques paſſages du plus grand Rheteur qui ait enſeigné dans Rome l'art de bien parler & de bien eſcrire, afin de faire auouër aux plus obſtinez que le trop grand ſoin des paroles, pour ne pas dire des ſyllabes, tel qu'on nous le veut faire prendre, a pluſtoſt eſté tenu pour vn vice que pour vne perfection. Il ſe moque en vn lieu de ceux *quibus nullus finis calumniandi eſt, & cum ſingulis pene ſyllabis commorandi.* Il aſſeure ailleurs qu'il n'y a rien de plus bas, de plus digne de meſpris, ny de plus contraire aux nobles fonctions de l'eſprit, que cette occupation. *Nam id tum miſeri, tum in minimis occupati eſt. Neque enim qui ſe totum in hac cura consumpserit, potioribus vacabit : siquidem relicto rerum pondere, ac nitore contempto, tesserulas (vt ait Lucilius) struet, & vermiculatè inter se lexeis committet. Nonne ergo refrigeretur sic calor, & impetus pereat, vt equorum cursum qui dirigit, minuit; & passus qui æquat, cursum frangit.* Et dans le penultiesme chapitre de tout son ouurage ne conclût-il pas par là, que les preceptes qu'il a donnez se doiuent obseruer auec facilité, & hors d'vne seruile contrainte? *Neque enim vis summa dicendi est admiratione digna, si infelix, vsque ad vltimum solicitudo persequitur, ac Oratorem macerat & excoquit, ægre verba vertentem, & perpendendis coagmentandisque eis intabescentem.* C'est vne maxime si constante entre les grands Maistres de l'Eloquence, qu'elle doit eſtre accompagnée d'vn genereux meſpris ſoit de la phraſe, ſoit de la diction, quand il s'agit d'exprimer quelque forte & importante penſée, qu'en ce cas là ils ont fait meſme des Vertus de quelques vices, & de la Catachreſe vne figure d'oraiſon. Cela ſe prouue par les premiers Autheurs de l'vne & de l'autre Eloquence, Poëtique & Oratoire, qui l'ont touſiours pratiqué de la ſorte; & parce que l'on en voit diuers exemples dans la fin du liure des Conſiderations dont ie vous viens de parler, ie me contenteray d'y ioindre ce qu'a remarqué Dion Chryſoſtome, qui merite bien d'eſtre eſcouté là deſſus. Ce grand Perſonnage repreſente comme Homere s'eſt ſeruy de tous les Dialectes de ſa

Langue, du Dorien, de l'Ionien, & de l'Attique, les meslant tous ensemble comme vn Peintre excellent broüille ses couleurs. Il adiouste qu'il employoit non seulement les mots reçeus de son temps, mais encore ceux des siecles passez, & qui n'estoient plus en vsage ; surquoy il le compare aux personnes qui ont trouué quelque thresor, & qui debitent de vieille monnoye d'or & d'argent, qui ne laisse pas d'auoir son prix, à cause de sa bonté interieure. Bref, dit-il, ce Prince des Poëtes s'est donné la licence d'vser de dictions entierement barbares, autant de fois qu'il y a trouué de la grace ou de l'energie; en composant mesme aussi souuent que des vers, lors qu'il estoit question de faire quelque belle description, & de representer le son des vents, la furie du feu, ou le murmure des riuieres. Cependant Macrobe a fait vn chapitre exprés pour monstrer que Virgile auoit en telle consideration la Poësie d'Homere, qu'il affectoit de l'imiter iusques en de certains vices de Vers dont d'autres auoient la hardiesse de le reprendre. Tant il est vray que ce qui paroist vn deffaut aux grands Hommes, a souuent de la grace, & est plus digne de respect que de censure. *In quibusdam Virtutes non habent gratiam, in quibusdam Vitia ipsa delectant*, dit encore Quintilien. La rudesse d'vn terme, la negligence d'vne phrase, donnent par fois du goust, & plaisent par cela mesme qui est le plus prés du vice, *habent ex vitij si-*

militudine gratiam, *vt in cibis interim acor ipſe iucundus eſt.* Auſſi n'ignorez vous pas auec combien de meſpris on a touſiours parlé de ces perſonnes qui pointillent perpetuellement ſur les dictions, & que les Latins ont ſi bien nommez *cymini ſectores*, *aucupeſque ſyllabarum.* Au-lu-Gelle les appelle encore fort proprement *verborum penſitatores ſubtiliſsimos*, lors qu'il ſe ſouuient de la ſottiſe d'vn Gallus Aſinius, & d'vn Largius Licinius, qui accuſoiét Ciceron de n'auoir pas bien parlé Latin, *M. Ciceronem parum integrè, atque impropriè, atque inconſideratè locutum.* Et ce grand Orateur ſi mal repris, traitant de certains eſprits qui apperçoiuent des amphibolies par tout, & qui ne trouuent iamais rien d'aſſez nettement dit, leur reproche tres-gentiment qu'ils ſont *alieni ſermonis moleſti interpellatores, qui, dum cautè & expeditè loqui volunt, infantiſsimi reperiuntur. Nam dum metuunt in dicendo ne quid ambiguum dicant, nomen ſuum pronunciare non poſſunt.* Il ne faut donc pas eſtre ſi exact aux moindres equiuoques, ny condamner des elocutions comme mauuaiſes, ſur ce pretexte qu'à les prendre d'vn autre biais que n'a fait celuy qui s'en ſert, on leur pourroit donner vn ſens different du ſien. Ie ſçay bien que Zenon diſoit qu'il y auoit moins d'inconuenient à broncher du pied que de la langue; mais il parloit en Philoſophe, & ne ſongeoit alors à rien moins qu'à faire le Grammairien. En verité il n'y a rien de plus ennemy des productions ingenieuſes,

ſes, que ces ſoins trop exquis du langage. Ils occupent tellement l'eſprit lors que ſon attention y eſt ſi attachée, qu'il ne ſonge preſque à autre choſe, & conſumant en cela toute ſa force, n'a plus que de la langueur pour le reſte, qui importe beaucoup dauantage. Vn homme qui trauaille de la ſorte dans vne crainte perpetuelle de pecher contre les regles de Grammaire, reſſemble proprement à ceux qui cheminent ſur la corde, que l'apprehenſion de tomber ne quitte iamais, & qui ne ſongent qu'à faire pas à pas le petit chemin qu'ils ont entrepris, *patiatur neceſſe eſt illam per funes ingredientium tarditatem.* Adiouſtez à cela que comme beaucoup d'ouurages s'affoibliſſent tellement par la polissure, qu'ils n'ont plus rien de solide; le meilleur stile du monde se corrompt s'il est trop limé, & pert sa vigueur à mesure qu'on repasse dessus.

Or ie ne doute point que l'Autheur des Remarques ne demeure d'accord de la plus-part de ces maximes, puis qu'il reconnoist que les pensées sont sans comparaison plus importantes que les paroles. Comme il a de grands dons de Nature, ausquels il a sçeu ioindre vne tres-exquise erudition, il ne se peut pas faire qu'il n'ait remarqué mieux que moy dans tous les bons Autheurs cette mesme doctrine. Ie suis d'ailleurs de son opinion en ce qui concerne le bon vsage qui doit estre suiuy; & i'auouë qu'on se doit abstenir autant qu'on peut de mots barbares, & de phraſes vicieuſes. Mais nonobſtant toute cette conformité nous ne laiſſons pas d'eſtre fort diuiſez. Ie luy ſouſtiens que les corrections ſcrupuleuſes, les cenſures iniuſtes, & les regles fautiues qui ſe trouuent dans ſes Remarques, encore qu'il y en ait beaucoup d'autres tres-bonnes, vont à la ruine totale non ſeulement de noſtre Eloquence, mais meſme de noſtre langage ordinaire, qu'il reduit à la mendicité, pour parler comme ces Autheurs Latins que ie vous ay citez. Ie n'en veux point de plus forte preuue que celle que ie tireray de ſa propre confeſſion, & de ce qui luy eſt arriué dans la production de ce bel ouurage. Il reconnoiſt qu'il luy a eſté impoſſible de faire ſi bien qu'il n'ait peché contre ſes preceptes ; & il prie ſon Lecteur d'auoir ſeulement eſgard à ſes Remarques, ſans s'arreſter à la façon d'eſcrire contraire dont il s'eſt ſeruy. Et qui pourra iamais obſeruer les loix qu'il donne, ſi luy meſme qui les a faites, qui les a eſcrites, qui a tant medité deſſus, ne les a pû garder ? Vous eſtes trop clair-voyant pour ne faire pas le meſme iugement que moy. Et vous auez trop de connoiſſance de noſtre Langue, auſſi bien que de celles dont elle tire ſon origine, pour n'auoir pas remarqué l'iniuſtice de ce qu'il retranche tantoſt comme vieux, tantoſt comme bas, & tantoſt comme barbare ; auec l'impoſſibilité de s'aſſuiettir à mille punctualitez qu'il ordonne, d'autant plus deſraiſonnables qu'elles ſont nouuelles, & que l'vſage de tous les bons Eſcriuains qu'il reprent, les contredit.

Mais pour finir par quelque reflexion Philoſophique, n'eſt-ce pas vne choſe merueilleuſe qu'on ſe forme de ſi differentes idées de l'Eloquence? & que ce qui plaiſt aux vns pour ce regard, ſoit ſi abſolument condamné par les autres? Il faut pour vous faire rire, que ie vous monſtre icy de quelle façon cette excellente faculté a eſté priſe, ſelon les temps & les lieux differens. François Aluarez eſcrit dans ſa relation d'Ethiopie, que quand il fut ſur le point de reuenir de ce païs-là, le Preſte-Ian ayant reſolu de faire reſponſe au Roy de Portugal, tous ſes Secretaires d'Eſtat ſe mirent à eſtudier les lettres de ſainct Paul, de sainct Pierre, & de sainct Iacques, les ayant tousiours deuant eux durant vn long temps qu'ils employerent à faire celle de leur Prince. Il n'y a point de doute que ce sont des pieces diuines, & qui ne peuuent pas estre mieux couchées pour ce qui regarde nostre salut, puisque c'est le sainct Esprit qui les a dictées. Mais en ce qui touche l'Eloquence humaine, pour laquelle ces Messieurs les prenoient comme vn excellent original, vous m'auouërez qu'on croiroit les profaner par deça de les appliquer à vn tel vsage, & que le Cardinal d'Ossat, ny autre qui ait escrit des lettres d'Estat, ne songerent iamais à se mouler sur vn tel patron. Nous lisons de mesme dans l'Epitome de la vie du Roy Robert, fait par vn

Helgaldus monachus Floriacensis, que ce Roy se plaisoit si fort à l'estude de l'Eloquence, qu'il ne se passoit iour qu'il ne leust dans les Pseaumes de Dauid, *Eloquentiæ tantum incumbens, vt nullus laberetur dies quin legeret Psalterium.* En verité ie pense que la lecture de nostre Roy estoit plustost vn effet de sa pieté, que d'vn desir de se rendre eloquent. Mais il faut pourtant que ce bon Moine qui l'a escrit de la sorte, creust qu'il n'y auoit point de piece oratoire comparable à la version commune des Pseaumes, que nous ne considerons iamais à cause de l'Eloquence, bien qu'ils en puissent auoir beaucoup dans leur Poësie Hebraïque. Les gousts sont donc differens en cecy comme en toute autre chose. L'on voit des personnes qui ne peuuent souffrir la moindre allusion de mots, ou le moindre ieu dans la diction. Si est-ce que Platon, Ciceron, & Seneque mesme, tout austere qu'il est, ne les ont pas reiettées. Ie viens de lire presentement dans ce dernier, *nunquam nimis dicitur, quod nunquam satis discitur.* Il est tout plein de semblables rencontres. Les Hyperboles sont insupportables à beaucoup de gens, & de verité l'on en voit qu'Aristote a fort bien nommées μειρακιώδεις, pueriles. Les principaux Autheurs neantmoins, Grecs & Latins, se sont dispensez d'en mettre de telles dans leurs compositions, que le plus grand Hyperboliste de ce temps ne voudroit pas auoir pensé à les escrire. Theocrite le moins licentieux des premiers, parlant d'vne femme amoureuse, dit qu'elle estoit tellement en feu, qu'on eust pû allumer vne lampe en l'approchant d'elle. Tertullien pour bien descrire la ialousie de quelques hommes, asseure qu'il en sçauoit plusieurs qui iettoient des souspirs s'ils voyoient seulement entrer vn Rat dans la chambre de leurs femmes. Et sainct Iean mesme n'a-t'il pas finy son Euangile par des termes qu'il ne faut pas prendre au pied de la lettre, quand il dit, Que si tout ce que nostre Seigneur a fait estoit couché par escrit, tout le Monde n'en pourroit pas contenir les liures? Cela se doit entendre, disent sainct Augustin & sainct Thomas, non pas de la capacité du lieu, mais de la capacité des hommes, comme s'il auoit prononcé que tout ce qu'il y en a au Monde ne pourroient pas comprendre la grandeur des actions de Iesus-Christ. *Hos libros non ſpatio locorum credendum eſt mundum capere non poſſe, ſed capacitate legentium comprehendi fortaſſe non poſſent.* Il ne faut donc pas condamner indifferémment toute ſorte d'Hyperboles. I'apprens qu'il ſe trouue encore des eſprits ſi difficiles, que les plus belles Comparaiſons les choquent. Vous ſçauez que la Comparaiſon eſt de toutes les Figures celle que les Anciens ont le plus volontiers employée. Et pour monſtrer l'eſtat qu'ils en faiſoient, il ne faut que voir comme Heſiode, s'il eſt le veritable Autheur du Bouclier d'Hercule, voulant deſcrire le combat de cét Heros contre Cycnus, vſe de quatre ſimilitudes differentes, qu'il met l'vne apres l'autre ſans interruption. Enfin les penſées meſme les plus nettes, & les plus releuées, ne ſont pas iugées pas fois tolerables quand on les conſidere d'vn certain biais. En voicy vn exemple tres-notable: Hegeſias faiſant cette remarque qu'au meſme iour qu'Alexandre naſquit, le Temple de Diane auoit eſté bruſlé, adiouſta, que ſans doute cette Deeſſe eſtoit alors abſente, & empeſchée aux couches d'Olympias. Plutarque dans la vie de ce Prince trouue la rencontre d'Hegeſias ſi froide, qu'elle pourroit, dit-il, eſteindre toute ſeule vn ſi grand embraſement. Ciceron tout au contraire la nomme gentille au ſecond liure de la nature des Dieux, où il l'attribuë à Timée, & en fait cas comme d'vne des belles imaginations de cét Historien. Qui doute que les differens Genies de ces deux grands Hommes Ciceron & Plutarque ne leur ayent fait faire de si diuers iugemens? Ne nous estonnons donc pas de la varieté des opinions touchant l'art de bien dire, puisque toutes les parties qui le composent sont suiettes à estre prises en tant de façons. L'Asne de l'Apologue qui trouua le chant du Coucou preferable à celuy du Rossignol, à cause que celuy du premier n'estoit pas si obscur ny si inégal, nous apprent qu'il n'appartient pas à tout le monde de dire son auis de l'Eloquence. C'est pourquoy ie vous prie de ne me pas croire si temeraire, que ie voulusse rien prononcer determinément & comme en dernier reſſort. Il me ſuffit de vous expliquer priuément mes ſentimens particuliers, que ie ſuis touſiours preſt de quitter à la premiere connoiſſance qui me viendra de ce qui leur doit eſtre preferé. Attendant cela ie me tiens ferme aux leçons que ces grands Orateurs Grecs & Romains nous ont laiſſées. Ie leur voy mettre à tous l'Eloquence infiniment au deſſus de la Grammaire, qu'ils luy font meſme aſſez ſouuent maltraitter. Cela me fait croire qu'on ne ſçauroit donner à la premiere trop d'honneſte liberté, & qu'elle n'a peut-eſtre rien qui luy ſoit plus contraire que cette multitude infinie de nouuelles regles Grammaticales, dont il me ſemble qu'on la veut iniustemeut opprimer.

FIN.

PERMISSION d'imprimer.

IL est permis à Nicolas de la Coste Marchand Libraire à Paris, d'imprimer, vendre & debiter *les Lettres touchant les nouuelles Remarques sur la Langue Françoise*; & deffendu à tous autres Imprimeurs & Libraires de les imprimer, & d'en vendre d'autre Impression que de celle dudit La Coste, sur peine d'amende arbitraire, & de confiscation des Exemplaites contrefaits.

Signé, D'AVBRAY.

Fautes en l'Impreſſion.

Page 16. l.1. oſtez ; deuant ce ſont, & mettez vne ſimple virgule.

P. 18. l.17. aprouuer, liſez à prouuer en deux mots.

P. 35. l. derniere , en , liſez ne.

www.ingramcontent.com/pod-product-compliance
Ingram Content Group UK Ltd.
Pitfield, Milton Keynes, MK11 3LW, UK
UKHW020320250726
13967UKWH00004B/1781